Highway Landscape Planning and Construction

公路景观规划与营造

邓卫东　杨航卓　宁 琳　邹 云　等 著

内 容 提 要

本书主要阐述了公路景观规划与营造的方法与应用。第一章至第三章主要阐述了公路景观的内涵与特点、公路景观设计的作用以及公路景观规划与营造的基本原则与方法。第四章至第七章结合实例分别针对路线、路基、隧道、公路互通立交景观的营造方法进行了介绍，包括路线景观的主要表现形式、路线布线要点与景观处理，路基景观基本特点、路基构筑物及路基绿化，隧道洞口景观营造，互通立交场景营造、绿化景观营造等内容。本书结合作者近年来开展的科研项目和在全国各省市十多条公路景观工程设计的实践编写而成。

本书可供公路景观规划与设计人员使用，也可供广大公路设计与管理人员参考。

图书在版编目（CIP）数据

公路景观规划与营造/邓卫东等著.—北京：人民交通出版社，2011.8

ISBN 978-7-114-09366-1

Ⅰ. ①公… Ⅱ. ①邓… Ⅲ. ①公路景观－景观规划 Ⅳ. ①U418.9

中国版本图书馆CIP数据核字(2011)第173259号

书　　名：公路景观规划与营造
著 作 者：邓卫东 等
责任编辑：沈鸿雁　郑蕉林
出版发行：人民交通出版社
地　　址：(100011)北京市朝阳区安定门外外馆斜街3号
网　　址：http://www.ccpress.com.cn
销售电话：(010)59757969,59757973
总 经 销：人民交通出版社发行部
经　　销：各地新华书店
印　　刷：北京盛通印刷股份有限公司
开　　本：787×960　1/16
印　　张：10.5
字　　数：166千
版　　次：2011年9月　第1版
印　　次：2011年9月　第1次印刷
书　　号：ISBN 978-7-114-09366-1
印　　数：0001-2000册
定　　价：45.00元
(如有印刷、装订质量问题的图书由本社负责调换)

foreword

前言

随着社会的进步和人们生活水平的提高，公众对公路的服务要求越来越高，已不再是简单的通达，更要求公路安全、生态环保，具有良好的视觉形象和文化品位。

在我国公路建设规模、数量急剧增加的同时，广大公路建设者也认识到提升公路品质是实现公路可持续发展的重要任务之一，并在工程中不断实践，为公众提供满意的公路产品。近年来，相继出现了四川川九路、湖北神宜路、云南思小高速公路等优秀的作品，公路景观工程的概念和词汇也应运而生，出现在有关设计文件、工程建设中。有关学者也展开了相应研究，并取得了一些研究成果。但与国外发达国家相比，或与国内建筑、园林、市政等相关行业相比，已开展的公路景观工程相关工作侧重于具体实际问题的解决，在基础知识积累、学科沉淀、理论构建等方面，还十分薄弱。

公路景观工程是一门新兴的学科，其内涵是什么？应遵循什么样的原则与方法？与公路传统的各专业是什么关系？可以采用哪些手段与方法营造宜人的路域景观……许多问题值得深入研究。本书结合作者所开展的科研项目和在重庆、陕西、广东、四川、贵州等省市十多条公路景观工程设计的实践，就有关问题进行了探讨。

本书共七章。第一章至第三章主要阐述公路景观规划与营造的基本原则与方法，第四章至第七章，主要就路线、路基、隧道、立交阐述具体的景观营造方法。全书主要由四位撰写者完成，邓卫东主笔第五章、第六章，并参与第一章、第二章的撰写；宁琳主笔第一章、第二章、第三章、第七章；杨航卓参与第二章、第六章、第七章的撰写；邹云主笔第四章；胡晓红、袁佳、陈芳分别参与了第二章、第六章的撰写。全书由邓卫东、杨航卓统稿。

本书在编写过程中，得到了国家山区公路工程技术研究中心和重庆交通科研设计院有关领导和部门的大力支持，景观与建筑工程所的其他同事也为本书的撰写提供了有力的帮助，在此表示衷心的感谢。

由于作者理论水平和实践经验有限，书中难免有欠缺、不妥，甚至错误之处，恳请专家、学者和广大读者批评指正。

作 者

2011年5月

contents

目录

第一章
概　论

第一节　公路景观的内涵与特点

一、现代审美观基本类型

中国有着悠久的历史，经历了农业文明时代和工业文明时代。审美观不仅体现农业文明的审美情结，具备工业文明的极简特点，同时，其蕴含的生态学思想与古老的东方哲学形成了相辅相成的呼应关系。概括而言，空间规划设计的文化审美观念将呈现如下三类新世纪景观审美的基本模式。

1.村落田园审美观——农业文明的审美观念

童叟闲适、麦香稻花、田园风光、桑麻之乐是农业文明时代典型的景观特色，这类景观特色并不会随着农业文明的结束而消失，而是作为一种典型的文化、自然景观而结晶永恒（图1-1）。

图1-1　田园风光

2.极简主义审美观——工业文明的审美观念

工业文明的标志是机器美学的兴起，一切事物在工业文明时代变得简洁而富有规律。极简不是简陋，而是去掉繁复，注重细节（图1-2、图1-3）。

图1-2　城市文明

图1-3　简洁的现代工业设计

3.景观生态审美观——生态文明审美观念

景观生态审美是整体综合的审美观念，它不以单纯的视觉形式为审美原则，也不以生态为主要内容，而是这些要素的集合，其核心内容是生物物种的生境和谐（图1-4）。

图1-4　各种生境景观

公路作为连接城市与城市、城市与乡村的纽带，将各个地域的文明串联起来，工业文明和农业文明景观交辉呈现；公路自身作为工业文明的产物，具有工业之美；公路处于其区域的生态系统中，又与周边的自然环境一起代谢，形成循环，更具有大视角的整体美。

二、公路景观的涵义

景观是复杂的自然过程和人类活动在大地上的烙印，是多种功能（过程）的载体，因而可被理解和表现为：

（1）风景：视觉审美过程的对象。

（2）栖居地：人类生活其中的空间和环境。

（3）生态系统：一个具有结构和功能、具有内在和外在联系的有机系统。

（4）符号：一种记载人类过去、表达希望与理想、赖以认同和寄托的语言和精神空间。

景观是一个具有时间属性的动态整体系统，它是由地理圈、生物圈和人类文化圈共同作用形成的。当今的景观概念已经涉及地理、生态、园林、建筑、文化、艺术、哲学、美学等多个方面。地理学家把景观作为一个科学名词，定义为一种地表景象或综合自然地理区，或是一种类型单位的通称，如城市景观、森林景观等；艺术家把景观作为表现与再现的对象，等同于风景；建筑师则把景观作为建筑物的配景或背景；生态学家把景观定义为生态系统或生态系统的系统；旅游学家把景观当资源；而更常见的是景观被城市美化运动者和开发商等同于城市的街景立面，霓虹灯，园林绿化和小品。而一个更文学和宽泛的定义则是“能用一个画面来展示，能在某一视点上可以全览的景象”，尤其是自然景象。

互联网上的百度百科如此定义景观：

（1）景观指具有审美特征的自然和人工的地表景色，意同风光、景色、风景。

（2）自然地理学中，景观指一定区域内由地形、地貌、土壤、水体、植物和动物等所构成的综合体。

（3）景观生态学的概念指由相互作用的拼块或生态系统组成，以相似的形式重复出现的一个空间异质性区域，是具有分类含义的自然综合体。

园林学科中所说的景观一般指第一种涵义——具有审美特征的自然和人工的地表景色，意同风光、景色、风景。

公路景观具有如下层面的涵义：

（1）系统的景观

公路是路域环境生态系统的一部分。系统景观设计包括生态绿化整合设计、水循环整合设计（排水设计）、动物生境设计（动物通道设计）。

（2）区域的景观

公路陆域范围及用路者视线可达范围内的景观包括自然景观、具象及抽象的人文景观，设计涵盖公路周边景观的整合，区域人文体现。

（3）自身的景观

公路自身的视觉景观包括线形、结构物景观、绿化景观。公路自身景观并非独立存在，而是关系中的景观——公路自身与路外环境的协调。该部分涉及道路选线、路基、隧道、互通、桥梁、取弃土场、服务区等结构物设计。

（4）心理的景观

心理景观即通过对驾乘人员行车行为特点和模式的研究，通过科学可行的方法，增加驾乘人员行驶舒适度和驾驶安全性的景观，如标志标线设计、视线诱导设计、视线强调设计等。

三、公路景观的特点

公路景观必然与公路自身的特点息息相关，总体来说，具有生态、形态、空间、工程、视觉、受众等各方面特点。

1. 生态特点

图1-5　公路——廊道

公路的生态学结构意义为廊道（图1-5）。廊道是线性的，不同于两侧基质的狭长景观单元，具有通道和阻隔双重作用，所有的景观被廊道分割，同时又被廊道连接在一起，其结构物对区域的生态过程有强烈的影响。

公路作为环境基质中的廊道，对区域内生态的影响是巨大的，影响的正负取向取决于公路景观质量；同时区域内的生态对公路也有很大的影响，如果合理的加以利用，将对公路景观建设起到良好的作用。

2. 形态特点

公路是线形构造物，基本作用为交通串联，因此公路景观从整体上来讲是线形景观。由于公路跨越并连接不同的地域，其周边的生态、人文基质并非一成不变，相反，是处于较为连贯的变化之中。公路景观与之协调，也就不可能一成不变，而是在变化中呈现周边基质的特色。

3.空间特点

公路沿地表（地球的表面，即地壳的最外层）布置的特点，决定了其空间特点取决于所经区域的地理环境，如山区公路空间较封闭、层次较多（图1-6）；沿海公路视野开阔，景观元素丰富（图1-7）；平原公路空间开敞，层次单一（图1-8）。一条公路的特点，即是公路所在区域的地理特点。这正说明公路的景观与地理环境紧密相关，最大限度的驾乘景观感受取决于地理环境的空间感。

图1-6　山区公路空间特点

图1-7　沿海公路空间特点

图1-8　平原公路空间特点

4.工程特点

公路位于自然背景中，较之位于城市的构筑物，周边自然环境在视域内所占比例相对较大，加之公路与自然环境紧邻。公路自身景观趋向具有双重选择，弱化构筑物与自然的边界（图1-9），或强调工程之美（图1-10）。就生态角度而言，设计倾向于弱化边界，但对于桥梁等设计，则可在保证功能的情况下，优化外观设计，体现力学美。工程与自然不是绝对对立的，通过恰当的设计手法，可以使两种美相得益彰。

图1-9　弱化边缘的挡墙

图1-10　彰显力量之美的桥梁

5.视觉特点

公路上的驾乘人员处于高速运动中，其视觉与静止视点的视觉有较大区别，具有以下视觉特征：

（1）随着车速的增加，视力减弱。

在中等车速的情况下，驾乘人员需有1/16s的时间，才能看清目标；视点从一点跳到另一点的中间过程是模糊的，一旦对景物辨识不清，就失去了再次辨识的机会。

（2）随着车速的增加，视野变小。

汽车行驶速度的提高使得视野变小，注意力集中点的距离变大，清楚辨认前方的距离缩小。例如车速70km/h，注视点在车前360m，视野范围65°；车速100km/h，注视点在车前600m，视野范围40°。

（3）不同亮度产生不同的视觉效应

人们从明亮的环境进入暗处时，初始阶段会什么都看不见，只有逐步适应了黑暗的环境后，才能区分出物体的轮廓，这种适应过程称为暗适应，反之称为明适应。在进出隧道时明暗急剧变化，眼睛瞬间不能适应，看不清前方，即黑洞效应。

（4）易造成视觉疲劳

驾驶员在长时间的驾驶中，枯燥的道路景观很容易造成视觉疲劳，尤其在平整的高速公路上，这种现象更加明显。

6.受众特点

公路的主要使用者为驾乘人员，其视野（即行驶视线）是由内及外的（图1-11）。但不能忽略公路的另一部分受众——公路周边居民，他们的视野是由外及内的，把公路当作视野中的景观元素观赏（图1-12）。因此，公路景观视觉朝向是双向的，就山区公路而言，甚至是立体的。

图1-11 优美的景观（路内视线）

图1-12 立体的景观（路外视线）

第二节 公路景观设计的作用及其主要内容

一、工程设计体系

经过几十年的发展，我国工程的设计体系逐步完善。如果将其做一个大的分类，可分为结构设计、标准设计和概念设计。结构设计是最基本的设计，主要解决安全问题，满足工程的最基本要求——安全（图1-13）。标准设计包含两个方面：其一是对不同类型的工程提出不同的标准，这主要通过标准、规范的建立来实现，从大的范畴来看，也是一项设计；其二是在具体工程设计时确定采用何种标准，这需要根据场地条件来确定，是具体设计面临的首要问题（图1-14）。对同一类工程或同一标准的工程，可以营造成不同的风格，这就需要进行总体风格的设计——概念设计。

图1-13　满足基本功能的公路

图1-14　不同等级标准的公路

在我国土木工程中，建筑设计体系较为完善，分工越来越细化。结构设计一般由结构师完成，概念设计一般由建筑师完成，标准设计需要两方面的结合。

我国公路工程设计也在逐步建立涵盖结构设计、标准设计、概念设计的设计体系。从满足通达的基本要求，到制订出不同等级公路标准，以及完善各种结构的相关设计理论、方法和标准，公路工程设计建立起了比较完善的结构设计和标准设计体系，但在概念设计层面上，与建筑这样的相关行业以及与发达国家的公路行业相比，还存在较大差距。

发达国家十分重视公路的概念设计。美国联邦公路局出版了《公路灵活性设计指南》，各州也出版了相关的指南，如得克萨斯州的《公路美学设计指南》等来引导公路的概念设计，强调公路与环境的协调、公路美学、公路生态、公路文化等。

我国从2004年开始重视公路的概念设计，原交通部公路司于2005年出版了《新理念公路设计指南》，以期改变长期以来只重视结构设计，忽视概念设计的不足，一些研究者也对公路景观设计进行了有益的探讨，这些工作对我国现代公路设计起到了积极的作用。

在服务对象、个性特征、环境条件、针对的行为等方面，公路与建筑都具有不同之处（表1-1），这就决定了两者概念设计所关注的重点及涉及的具体内容不同。公路概念设计更需要统筹考虑公路与环境的关系、公路生态、公路行车安全，在此基础上考虑公路美学、公路文化等方面。

公路与建筑相关特征比较

表1-1

相关特征	服务对象	个性特征	尺度	场地形态	环境条件	时间序列	涉及的行为特征
建筑	人	工业建筑——较少考虑；民用建筑、公用建筑（体育场馆、会馆等）——为公众所接受；住宅建筑——个性特征鲜明	小尺度	斑块、独立	相对简单	相对静止、微观	人的生活行为
公路	人、车	以运输为主的公路——为公众所接受；旅游公路——个性特征相对鲜明	大尺度	线性、连贯	复杂多变	动态、宏观	驾驶行为

二、公路景观设计及其作用

刘滨谊的景观三元论，将景观设计内涵概括为三元素：景观环境形象、环境生态绿化和大众行为心理。从前述公路景观的内涵与公路景观特点可见，三元论同样适合于公路景观设计。

基于景观三元论，公路景观设计应包括：结构物、附属设施的视觉设计，环境生态绿化设计，以及行为心理设计。这超越了传统的公路工程设计范畴，类似于建筑业的建筑学设计，涉及公路结构工程、环境工程、交通工程等多专业和学科，应优先于结构设计，并贯穿于公路规划、设计、施工等多个环节。

由此可见，公路景观设计是把握公路整体风格、协调公路与环境关系、改善用路者心理的设计，在公路设计中具有非常重要的地位与作用。

三、公路景观设计的主要内容

1. 公路景观设计阶段及其主要内容

根据设计深度及作用，可将公路景观设计划分为景观规划设计、景观方案设计和景观施工图设计三个阶段。各阶段景观设计作用不同，侧重点不同。

（1）公路景观规划设计

景观规划设计的主要作用在于进行公路整体景观控制，主要内容包括：理解场地特点，贯彻功能需求，明确景观定位，提出景观理念，确定规划目标，对公路的空间布局、景观结构、景观风貌、生态环境，以及道路、桥梁、隧道、立交、服务区等公路结构进行总体景观控制，以指导景观方案设计。

（2）公路景观方案设计

景观方案设计是在景观规划的指导下，根据已经确定的公路路线和结构，考虑其所处的环境条件，针对公路工程结构物（如道路、桥梁、隧道、立交、服务区等）、环境生态、绿化提出具体的景观方案，主要作用在于将景观规划确定的景观控制落实到具体的工程结构中。

（3）公路景观施工图设计

这一阶段的设计是对方案设计的进一步深化，需要对具体的工点和结构进行有针对性的详细设计，提出形式、尺度、位置、色彩、材料、绿化种植、施工控制等方面的具体要求，以指导土建的结构设计和景观段点的施工。

2.公路景观设计与传统设计各阶段的关系

我国目前公路设计大致分为预可、工可、初步设计和施工图设计四个阶段。如果把施工阶段的工后服务看成动态设计的话，整个设计过程实际上包括五个阶段。在每一个阶段，公路景观设计的侧重点不同。

（1）预可、工可阶段

传统公路设计的预可、工可阶段其重点在于确定公路技术等级、路线走向。景观设计在这一阶段，主要应考虑公路与路域构成系统的生态及视觉平衡，主要体现在路线与周边环境的关系，考虑如何选择合适的路线或结构将公路建设对环境的破坏降到最低限度，并确定公路景观的风貌和工程设计的重点、难点。

（2）初步设计阶段

传统公路设计的初步设计阶段，其重点在于细化路线走向，确定桥梁、隧道等重点结构物的位置、形式及规模，提出边坡、地质灾害等的处理方案。景观设计在这一阶段，应主要考虑公路结构物与周围环境的协调，确定各结构物的风格，生态环境保护修复与利用措施、以及绿化方案。

在上述公路设计阶段中，公路景观设计的重点是景观规划设计，需根据所经区域的自然地理、生态植被、人文风貌的权重，以其中某一元素为主，结合各个元素，并基于公路自身的工程状况，从多元的公路景观构成要素中，确定公路景观的整体风格，从宏观上控制和指导公路的设计基调。

当然，在传统的初步设计阶段，也可以展开景观方案设计工作，使景观设计对土建工程设计更具有指导意义。

（3）施工图设计阶段

传统公路设计的施工图设计阶段，其重点在于深化初步设计的有关内容，对具体工程结构进行详细的设计。这一阶段的景观设计主要是对具体结构的景观处理，如路基支挡结构、桥梁栏杆、隧道洞门等景观处理；以及生态修复、绿化的处理，如边坡绿化、立交区绿化、隧道前区绿化、路侧绿化等。其重点是具体结构物及段点的景观设计。

（4）施工动态设计阶段

在施工动态设计阶段，传统公路设计的重点在于结合具体工点情况，处理因施工图设计考虑不周，或场地条件、地质条件发生变化而带来的新问题。这一阶段的景观设计，应结合土建设计和场地条件的变化，进一步完善具体段点的景观方案。

公路景观设计与传统公路设计在对象和内容上密切相关。在对公路景观设计尚未取得一致认识，设计界面尚未清楚划分的时期，景观设计与传统设计应密切配合，相互促进，协调一致地完成公路设计工作。

第二章 公路景观规划的基本原则与方法

第一节　公路景观规划设计的客体与主体

第二节　公路景观规划的层面与特点

第三节　公路景观规划的基本观念和原则

第四节　公路景观规划的内容与方法

第五节　公路景观规划设计的实践

第一节　公路景观规划设计的客体与主体

“景观规划设计”这一概念从兴起至发展，已经成为设计业内的基本概念，然而，人们对这一概念的认识却很模糊，若问及“景观规划设计的客体是什么？”，大多数人会不假思索的回答“景观”。然而“景观”这一客体却无法涵盖景观设计师的工作范畴和景观受众的全部需求。

那么，景观规划设计的客体究竟是什么？

西蒙兹提出：“人们规划的是体验——首先是确定的用途或体验，其次才是随形式和质量的有意识的设计，以实现希望达到的效果。场所、空间或物体都应根据最终目的来设计。”

中国先秦时期的老子，提出了同样的观点：“埏埴以为器，当其无，有器之用。凿户牖以为室，当其无，有室之用。故有之以为利，无之以为用。”

其释义为：“揉和陶土做成器皿，有了器具中空的地方，才有器皿的作用。开凿门窗建造房屋，有了门窗四壁内的空虚部分，才有房屋的作用。所以，‘有’给人便利，‘无’发挥了它的作用。”

景观规划设计的客体是满足功能的“空间”，是彰显地域特征的“场”，是置身其中的“体验”，而非具体的一砖一瓦。

常说的铺装设计、水景设计、植物设计，甚至于借景设计、文化设计皆是老子言下的器壁、屋墙，只是景观的载体。通过载体营造出的具备功能的“中空”——“空间”、“场”、“体验”远远高于载体的本身的涵义。如果舍本逐末的把载体当成了景观设计的客体，如同过分关注器皿的形式，却没有关注适用的空间，这样的设计是不具生命力和感染力的，与周边的环境是难以相融的。

“空间”、“场”、“体验”是规划设计的着眼点——器皿的功能是什么？陶土质地如何？适合做什么类型的器皿？适宜的文化符号是什么？

“实现‘场’的载体”是规划设计的着力点——器皿的形态如何？如何实现功能？文化符号的形式如何？

找准了着眼点，合理规划，并以此为指导，就着力点进一步进行景观营造，景观便如在地域内自然生长出一般。自然发生的形式与功能是同步生长的，分阶段的规划设计也是人为的区分，“形式谁也不追随，形式是与所有进化过程结合在一起的。从而，形式和过程是不可分离的、有意义的表现。”

基于公路跨度大、异质性强、线性等特点，公路景观规划设计的客体应当侧重于“行车体验”。若静态的三维称为“空间”，那么融入文化氛围和安全感的“空间”便是“场”，“体验”则是串联起来的“场”以及因串联而产生的间隙与过渡（景观的时间感），包含了视觉感受、文化感受、安全感受等。这些感受并非孤立存在，而是“体验”的各个面向，彼此相辅相成。

概括而言，公路景观的行车体验（图2-1）主要来自于视觉感受（图2-2）——路域地理环境决定了空间的开合度，构架了公路景观的空间格局；路域生态环境决定了空间色彩和覆盖状况，形成了公路景观的空间质感。公路形态，如结构物形式、结构物色彩也给驾乘人员以视觉刺激，但并非主要的视觉感受。

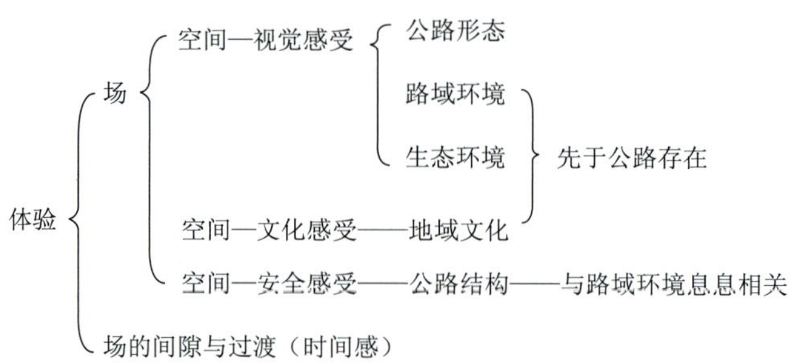

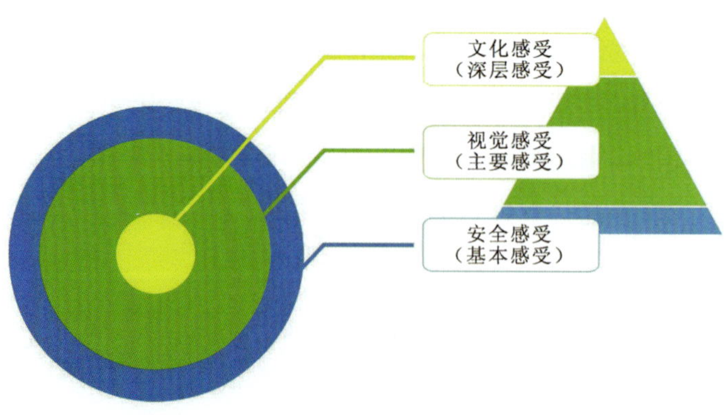

图2-1　行车体验结构图

文化感受是较高层次的行车体验，文化感受的覆盖度较之于视觉感受更广阔“不同的地域具有文化异质性，一个地区的文化又与地理、生态环境密切相关。”较为显露的文化感受来自于穿越地区的农耕形态和建筑形态。文化感受几乎来自于路外，是当地的居民与自然和谐共生的过程与结果。

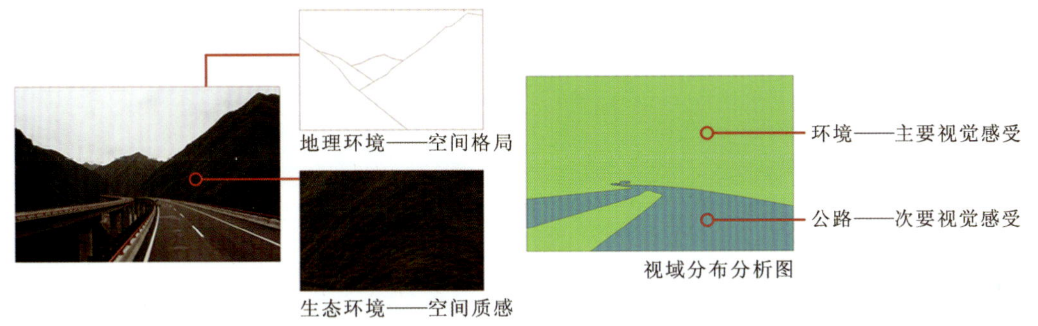

图2-2　行车视域分析图

安全感受是驾乘人员的基本需求，主要取决于公路线形、边缘和节点的处理，同时也取决于路域地理环境和生态环境。视觉受阻或通透都将影响安全感受。当然，公路自身的选线乃至结构物的设计本身就与路域地理环境息息相关，受其牵制。

地理环境、生态环境、地域文化均先于公路存在，是每条公路自有的特色，无法超越、脱离；公路形态、结构本身只是“体验”的一个组成部分，且与地理、生态环境息息相关。“自然系统远比我们想象中复杂，不可模拟”，“任何一个地方都是历史的、物质的和生物的发展过程的总和，这些过程是动态的”，不可重复。公路红线范围内的景观难以改变公路视野的整体风貌，若不能与周边环境协调，将是不能忽略的生态创伤。

由此，不免想到，谁是“设计师”？究竟是人在主观的设计“景观”，还是场所的地理、生态、历史早就生长好，并将继续在公路介入后继续生长？因此，“设计者”的适当身份是“呈现者”。

景观规划设计的主体应当是自然。规划设计是基于尊重、了解、理解、发掘、顺应、展现场地的过程。公路景观设计的内涵就是整合和表现路域环境内的各种资源

（图2-3）。核心是充分发掘景观资源，减少刻意的人为景观，展现为主，表现为辅。

图2-3　公路资源整合

a）整合展现路域峰林地貌景观；b）整合展现路域水系景观；
c）整合展现路域田园景观；d）整合展现路域植被景观；
e）整合展现路域山岭景观

第二节　公路景观规划的层面与特点

一、景观规划的层面

刘滨谊认为现代景观规划设计实践的基本方面均蕴含有三个不同层面的追求以及与之相对应的理论研究。这三个层面同样适用于公路景观规划。

（1）景观感受层面

景观感受层面主要基于视觉的所有自然与人工形态的设计，即狭义景观设计。狭义的公路景观设计仅满足使用者的视觉美感需求，包括道路自身的景观设计，也包括路域范围内视觉景观的整合。

（2）环境、生态、资源层面

环境、生态、资源层面包括土地利用、地形、水体、动植物、气候、光照等自然资源在内的调查、分析、评估、规划、保护，即大地景观规划。把公路视作生态系统中的一部分，充分与周边的地理、生态环境，用地类型结合，对公路与周边生态敏感点的相对关系进行规划，尽量减少公路对路域生态的阻隔作用。

（3）人类行为以及与之相关的文化历史与艺术层面

人类行为以及与之相关的文化历史与艺术层面包括潜在于园林环境中的历史文化、风土民情、风俗习惯等与人们精神生活世界息息相关的文明，即行为精神景观规划设计。从该层面讲，公路是沿线文明的连贯线，是一个连续的动态的展示平台。该层面的规划，也是公路尊重地域特点的体现。

刘滨谊的景观三元论中，将景观设计内涵概括为三元素：景观环境形象、环境生态绿化、大众行为心理。

（1）第一元素——视觉景观形象

视觉景观形象与美学相关，主要是从人类视觉形象感受要求出发，根据美学思想，利用空间实体景物，创造出赏心悦目的环境形象。

公路景观的美化应从公路与沿线景观的协调，公路绿化视觉效果，沿线附属工程的视觉效果三个方面考虑公路景观是否令人赏心悦目，是否与周围环境相协调。因此，公路景观不仅仅要考虑内部景观的美化，更要考虑路体本身体态、色彩、形象、绿化植物选择和造型、公路构筑物的形态与色彩、交通建筑与地方建筑风格的协调、场所的可识别性、可记忆性等。公路绿化是构成公路景观的重要内容，它为原本生硬的公路添加了软质的景观，并对道路周边的景观资源进行整合。沿线工程如路基、桥梁、天桥、立交桥的建设都将对原有地面产生不同程度的破坏，但同时它们也可以通过协调、精细的设计，成为公路景观中的风景，因此，边坡坡面、挡墙、桥梁、立交、排水系统、路沿石、护栏等应多从美学角度进行设计，给人以愉悦和享受的感觉。

（2）第二元素——环境生态

环境生态与环境相关，根据自然界生物学原理，利用阳光、气候、动植物、土壤、水体等自然和人工材料，创造令人舒适的、良好的物理环境。

公路景观应将道路本身及周边区域内自然的、生态的、人文的、社会的综合体作为特定结构功能和动态特征的宏观系统来研究。公路建设在极大地推动国民经济发展的同时，也带来了严峻的环境问题。如公路上机动车产生的废气、噪声、光等，污染了周边环境，需要采取相应措施予以防治、缓解和解除。公路作为公路景观空间的线形走廊，联系并划分了区域空间，其走向和布局将直接影响区域生态环境。因此，公路路线走向和布局要尽可能减少对自然生态的破坏，以自然和生态原则为基本依据，避开受保护的自然区域。

（3）第三元素——大众行为心理

大众行为心理与功能相关，主要从人类的心理精神需求出发，根据人类在环境中的行为心理乃至精神活动的规律，利用心理、文化的引导，创造使人赏心悦目、浮想联翩、积极上进的精神环境。

公路的基本功能包含三方面，即公路对区域人流及物流的改善功能、公路景观绿化的安全功能、沿线交通工程设施及服务区的服务功能。区域人流、物流的改善度是指对人流和物流的快速、方便、经济、安全、舒适性的改善。如公路平纵横断面的优化配合、线形的连续性和方向性、车道的合理划分、各种干扰因素的减少、交通工程设施系统的应用、道路特性与人的视觉特性的协调性等，这些对提高公路上行驶的人流和物流的效率作用明显。公路景观绿化的功能栽植可起到引导视线、改善景观、防眩、封闭、标志、明暗过渡、防音、防风沙等几方面作用。公路交通工程设施给驾驶员和乘客提供准确、及时的交通诱导和指示，是减少、减缓、杜绝交通事故的发生及降低事故严重度的有效措施之一。沿线静态的交通安全设施、服务设施及动态的信息提供及控制设施对提高公路服务水平，体现对用路者的关怀方面发挥着积极作用。

公路景观所起的作用与这三方面的功能是相辅相成、密不可分的。通过以视觉为主的感受通道，在人们的行为心理上引起反应。公路景观设计也在于使三元素共同发挥作用。公路景观首先应当是安全的，任何宜人的公路景观，若不能有效的减少交通安全隐患，则违背了公路建设的初衷。其次，若一味构筑人为景观，而忽略了生态保护及与周边环境的融合，其景观也是缺乏整体观的孤立存在，不仅未处理好整体视觉关系，带来的生态破坏更是不利于景观本身的可持续性。而有整体观、系统观，合理地利用美学原理，注重交通安全、生态保护的景观设计必然是和谐、优美、有生命力的、可持续的。

二、景观规划的特点

（1）多学科融合互补

公路景观规划设计学是一门新兴的边缘学科，是一门有针对性的景观规划设计学，也是一门生态艺术性的土木工程学。在越来越注重生态和文化保护的今天，公路景观理念也紧跟时代突破创新，这就对公路景观规划设计提出了更高的要求。设计团队里不仅需要交通专业的人才，更需要规划学、景观学、美学、建筑学、生态学、植物学、地理学、社会学、历史学、心理学等各个领域的人才，融合互补，更为整体、有机的对公路景观进行规划设计。

（2）广泛性、异质性

公路景观规划因其自身的线性构造工程特点，是较为特殊的区域规划。一方面，公路所跨区域较多，所属区域较为广泛，较之于一般的区域，规划控制范围更大，地理、生态、文化形态都更为丰富；另一方面，公路宽度相对于其长度尺度较小，这种狭长的分布，更容易受到周边斑块而非基质的影响，相对来说，比一般的区域更具有异质性。针对这两方面因素，公路景观的规划层次尤为重要。应当大视角的分析周边的区域环境，进行总体风貌的把握，确保景观规划设计的整体性；在此基础上，再进一步对公路沿线斑块进行分析总结，化零为整地分段展现路域环境的异质性。

第三节　公路景观规划的基本观念和原则

一、系统观

系统是指由相互联系、相互作用的若干要素构成的具有结构和特定功能的有机整体，具有整体性、结构性、层次性、开放性。最基本的特征是整体性。系统观是指以系统的观点看自然界，揭示了自然界物质系统的整体性、关联性、层次性、开放性和动态性、自组织性。

公路自身是一个不能独立完成循环的不完整系统，其整体作为要素与路域环境中各因素构成完整系统。这个系统体现在各个层面，如生态层面，视觉层面、文化层面。遵循系统原则，是把公路置入系统中，用整体观进行设计，强调公路和周边的关系，重视外部平衡。

整个地球都是在一种自然的、自我的设计中生存和延续的。自然系统的丰富性和复杂性远远超出人为设计能力。设计本身是一个发掘、展现的过程而不是创造的过程，人类应当最大限度地利用和借助自然——这便是系统观的体现。人的感受绝对不可能为公路的界限限制，路域环境系统中的各个因素都是行车感受的诱因。只有整体地看待各个因素，才能避免仅仅关注对公路本身的狭隘设计。

公路景观设计，是在充分了解和理解路域系统的基础上，合理整合和利用系统中的各种“元件”——地貌、植被、文化等，让公路这一相对于原系统的“入侵元素”更能顺应系统，融入系统，减少对系统的扰动，甚至对系统做出正向的贡献。

基于系统观，引申出公路景观的协调性原则、地域性原则、最少设计原则、整体性原则、前瞻性原则。

1. 协调性原则

公路是环境中的公路，其设计应与环境相协调，使路域内外的景观浑然一体，共同构筑符合形体美学、功能均衡的景观。在线形选择、绿化栽植上尤其需要考虑周边环境的特点，充分尊重景观设计基质。同时公路自身也存在协调性的问题，包括平面线形的协调、纵断面线性的协调以及平纵横线性的协调（图2-4）。

图2-4　平纵线性协调的公路

2. 地域性原则

公路处于路域文化环境中，应当与其融合，体现地域文化特点，而不是生硬的作为工业生产的标准产品而存在，沦为区域内异质性的廊道。在设计中，应尊重并适当的展现当地文化，提高景观认同感（图2-5）。

图2-5　四川川九路体现当地建筑特点的挡墙和栏杆设计

3. 最少设计原则

景观设计本身并不是主观创造的过程，核心是发掘与展现。在包含公路的路域整体系统中，有许多可利用的资源，如沿线独特的地貌，优美的水景，茂密的植被等。最大限度将这些资源有机地整合到公路景观中，不仅能够增加公路景观的丰富度，而且使公路与环境更加融合（图2-6）。

图　2-6

图2-6　有效利用周边景观资源的公路设计

4.整体性原则

公路人工构筑物与绿化在设计中应当作为整体来考虑，具有整体的风貌，各个部分应相互支撑。若二者没有联系，整个景观就无法成为一个统一体，也就无法构筑一个完整的景观规划布局。例如，隧道洞门景观应当有统一的风格，而不是以丰富多样为原则，距离较近的天桥应当有统一的形态和色调，以免产生视觉的凌乱感（图2-7）。

图2-7　形式和色彩统一的天桥群

5.前瞻性原则

公路景观具有时间维度，是动态和发展的。设计是过程而不是一个既定的结果，是人、自然和时间共同的杰作。设计必须遵从可持续原则，充分考虑景观在时间维度下的变化，并进行合理的前瞻性规划设计。例如在进行植物选种时，考虑到公路后期管养粗放的特点，选择抗性强、耐瘠薄、易管养的树种；在树木种植配植时，考虑到植物自然的生长周期和体积，根据业主对绿化效果的需求，进行适当的间距设计，必要时可结合间苗设计考虑植株间距。

二、生态观

生态平衡是动态的平衡，一旦受到自然和人为因素的干扰，超过了生态系统自我调节能力而不能恢复到原来比较稳定的状态时，生态系统的结构和功能就会遭到破坏，物质和能量输出输入失去平衡，就会造成系统成分缺损（如生物多样性减少等），结构变化（如动物种群的突增或突减、食物链的改变等），能量流动受阻，物质循环中断，生态失调，严重时还会造成生态灾难。

公路建设对环境的影响主要包括对生态系统的影响、对生物因子的影响、对物理因子的影响三个方面。

（1）对生态系统的影响

公路建设遇到的生态系统一般包括戈壁、沙漠、沼泽、湿地、草原、森林、江河湖海等，以及一些以生态效益为主的人工封育的林场、自然公园、保护区等。公路建设影响的对象是一些敏感的生态系统。

（2）对生物因子的影响

公路作为廊道，切割了原有生态基质，势必对原地域的生态造成影响，较为明显的是公路及施工便道对两侧植被的破坏和影响、外来设计树种对现有生态的入侵以及对动物行动路线的影响，严重的还会造成动物无法完成觅食和交配。

许多生物对公路的反应是一个长期的过程，若扰动大于生态系统的负荷能力，一旦破坏，将是不可逆转的过程。

（3）对物理因子的影响

公路对物理因子的影响主要体现在对水土流失、水体、大气，及声环境的影响等几个方面。

人类越来越意识到破坏生态带来的严重后果，渐渐形成了现代的生态观，这与古人天人合一的观念是一脉相承的。生态观是指人类社会的经济发展必须遵从生态发展规律，不能以破坏生态环境来换取经济发展。人类社会的发展既要遵从人类社会发展本身所特有的规律，也要遵从生态学规律。

公路设计的生态观是具体的，以往的公路工程以经济和方便为目的，大填大挖，横向弃渣（图2-8），破坏沿途植被（图2-9）等行为对自然生态造成了严重的破坏。现代公路设计应认识到生态环境强大的反馈作用，采用切实可行的方式方法减少公路修筑对沿线生态的破坏，把对生态的保护作为自身利益的一部分。

图2-8　横向弃渣造成的生态破坏

图2-9　沿途植被破坏

基于生态观，引申出公路景观的生态原则、因地制宜原则。

（1）生态原则

生态原则指应尽量保持现存的良好生态环境，改善原有的不良生态环境，提倡将先进的生态技术运用到公路环境景观的塑造中。这种设计意味着尊重物种多样性，减少对资源的剥夺，保护环境，维持植物生境和动物栖息地的质量。

（2）因地制宜原则

设计应根植在对自然深刻理解的基础上，充分利用生态环境的有利条件，并遵从原有生态的机理，适应场所的自然过程。因地制宜原则体现在适地适树、利用当地材料、延续周边植被等方面。

三、人本观

人本思想是相对于物本思想而提出来的。以往在公路设计中过分关注公路本身，“为景观而景观”的思想不但不符合系统观和生态观，也不符合人本观。这种“见物不见人”，忽略公路使用者心理需要的“以物为本”的思想，与以人为本思想代表着两种不同的发展观。

“人本观”和系统观、生态观是一脉相承的。以人为本并非以人为尊，人本观的初衷是为人类创造良好的生存条件和发展环境。若否认人在自然的定位，破坏生态，对人类是极为不利的。

景观设计规划的不是物体，而是驾乘人员体验——首先是确定用途或体验，其次才是随形式和质量的有意识的设计。

人本观在公路设计中主要体现在对人心理需求的尊重，体现在宽容设计和交通安全设计中。

基于人本观，引申出公路景观的功能原则、动态原则、经济性原则。

1.功能原则

公路从其交通的基本功能出发，公路景观首先应该满足交通安全功能，满足驾乘人员对行车舒适度的要求，同时更具备能动的规避作用，增加行车的安全度。公路景观的功能主要体现在诱导视线、防眩、减轻视觉疲劳等方面。

2.动态原则

由于公路景观的受众主要是驾乘人员，视点与行车速度相关，高速变化，公路景观必须与之适应，应满足动态原则。景观布置不应影响公路的行车透视性要求，需要保证有足够的视野和视距，其体量不宜过小，整体上应当是大块面、流线型的设计。

3.经济性原则

公路景观应当充分遵守经济性原则。如树种的选择应以乡土树种为主，不以新奇特为目的；取弃土场的设置除了考虑生态协调，还应当考虑运距等经济因素，力求使公路的功能效益、生态效益和经济效益达到最佳平衡。

第四节　公路景观规划的内容与方法

景观规划是公路景观设计的核心，是大尺度设计，需要以景观规划设计原则为指导，发掘区域的自然地理、生态植被、人文风貌的特点，尊重驾乘人员对公路的使用需求，同时考虑公路自身的工程等级和状况，从多元的公路景观构成要素中，定位公路景观等级，对公路景观进行“体验”规划——亦可称为风貌规划，同时进行专项规划，如生态规划、文化规划和色彩规划。

风貌规划是整体规划，以展现为主，主要体现视觉层面的总体景观，体现道路给乘客的直观印象；生态绿化、生态规划、文化规划与色彩规划遵循风貌规划的整体思路，是风貌规划的各层面升华与深入，与风貌规划互为支撑，共同指导景观设计。

除展现设计外，生态规划的具体设计主要体现在结合道路沿线植被情况和风貌主题，进行树种选择和配置模式规划。文化规划与色彩规划虽以展现为主，但存在许多需人为设计表现的部分。文化规划具体设计主要体现在节点设计、小品设计；色彩规划的具体设计主要体现在道路人工色彩设计，如防撞墩、栏杆、天桥、隧道色彩。

一、前期工作

1.调研与资料收集

通过调查、记录、拍摄、走访等方式了解公路及其沿线的基本情况，如工程概况、沿线自然概况、人文历史和社会经济概况等。调查的内容主要有：

（1）国内外类似案例调查研究，借鉴好的理念、方法。

（2）公路沿线区域的自然特征。如气候特征、地形地貌特征、水文特征、植被类型、农业耕种类型，划分地域性自然风景的类型。

（3）公路沿线区域的社会历史、文物古迹，公路沿线居民的特殊生活习惯、生活习俗等，同时还必须了解公路沿线的特色产业及每个地区的主导产业等。

（4）公路沿线的生态敏感点，为选线提供重要的讯息，综合保护生态、工程安全和经济实用三方面进行选线。

（5）公路沿线的视觉兴奋点，为沿线景观营造所需的必要资料。

（6）如因种种原因，景观设计介入项目较晚，则应充分了解工程基本状况及进展情况，如公路整体布置方案、公路等级、路基路面、桥梁、隧道等情况。

2. 确定公路景观价值

传统的公路设计没有“场地价值”这一概念，“价值”几乎狭隘的等同于公路建设的成本。

公路改变了占用土地的使用性质，并影响了临近土地的使用。区域的各种状态也会直接或间接的影响公路的价值。例如，九寨沟风景区的旅游公路，具备观赏价值，而位于城郊矿场的公路不具备。

一条公路的价值，是公路自身工程价值和场地价值的总和，就景观层面而言，尤其取决于场地价值。

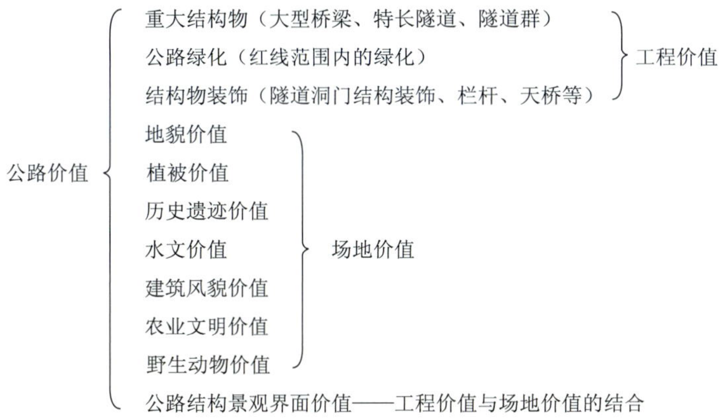

场地价值主要包含以下几方面：地貌价值、森林价值、历史遗迹价值、水文价值、建筑风貌价值、农业文明价值、野生动物价值。场地各价值的评估范围及等级划分见表2-1。

公路结构景观界面价值与公路结构物相关的视线开敞程度有关，需通过分析驾乘人员视觉感受与高速公路景观断面的关系而得，景观断面不仅考虑道路土建设计断面，也考虑景观形成后植物的高度对视觉的影响。

Ⅰ级：开敞界面，视角小于18°的断面，如桥梁断面、乔木种植点与路间距离大于10m的填方断面（图2-10）。

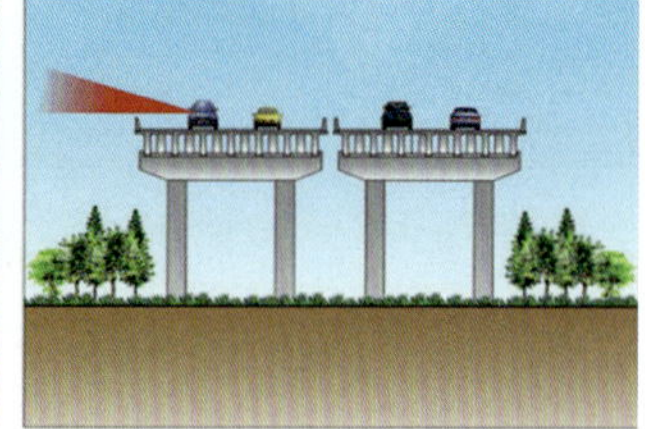

a）　　　　　　　　　　b）

图2-10　开敞界面示意图

a）开敞型界面效果图；b）开敞型界面典型断面（视角小于18°）

场地价值的评估范围及等级划分

表2-1

序号	价值类型	评 估 范 围	等级	等 级 描 述
1	地貌价值	一般取公路两侧各1 000m范围	Ⅰ级	地貌奇特，如典型的丹霞地貌、喀斯特地貌等，具有强烈的视觉冲击力
			Ⅱ级	地貌较为奇特，层次丰富，具有较强烈的视觉冲击力
			Ⅲ级	地貌普通，不具备景观价值
2	植被价值	一般取公里两侧各100m范围	Ⅰ级	质量较高、茂密的林地
			Ⅱ级	植被以灌丛为主，点缀乔木
			Ⅲ级	植被以草甸为主，或荒芜的区域
3	历史遗迹价值	辐射半径一般取30km	Ⅰ级	具有国家级历史遗迹
			Ⅱ级	具有地方级历史遗迹
			Ⅲ级	不具有历史遗迹
4	水文价值	一般取公路两侧各50m范围	Ⅰ级	紧邻公路分布有湖泊、河流和沼泽，或临近公路分布有较大的湖泊或河流
			Ⅱ级	临近公路分布有湖泊、河流和沼泽
			Ⅲ级	无水文分布
5	建筑风貌价值	一般取公路两侧各1 000m范围	Ⅰ级	紧邻公路分布有具有当地特色的建筑
			Ⅱ级	临近公路分布有具有当地特色的建筑
			Ⅲ级	无具有当地特色的建筑分布
6	农业文明价值	一般取公路两侧各1 000m范围	Ⅰ级	紧邻公路分布的具有特色的农耕用地，如梯田、稻海
			Ⅱ级	临近公路分布的具有特色的农耕用地
			Ⅲ级	无具有特色的农耕用地

续 表

序号	价值类型	评 估 范 围	等级	等 级 描 述
7	野生动物价值	公路视线可达范围内	Ⅰ级	公路附近有野生动物出没
			Ⅱ级	公路附近无野生动物出没

Ⅱ级：半郁闭界面，视角介于18°和27°之间的断面，如挖方断面边坡高度为2～8m的边坡，乔木种植点与路间距离大于5m且小于10m的填方断面（图2-11）。

a）

b）

图2-11 半郁闭界面示意图

a）半郁闭界面效果图；b）半郁闭界面典型断面（视角大于18°，小于27°）

Ⅲ级：郁闭界面，视角大于27°的断面，如隧道断面、高度大于8m的挖方边坡，乔木种植点与路肩距离小于5m的断面（图2-12）。

a）

b）

图2-12 郁闭界面示意图

a）郁闭界面效果图；b）郁闭界面典型断面（视角大于27°）

同时具备公路景观界面价值的各部分场地价值才是有效的公路景观价值。

3.确定公路景观等级

在技术等级上，我国公路划分为高速公路、一级公路、二级公路、三级公路、四级公路共五个技术等级；在行政等级上，划分为国道、省道、县道、乡道、专用公路共五个行政等级。

公路的景观设计等级不等同于公路技术等级或行政等级。首先，划分目的不同：景观设计等级侧重于环境、审美；技术等级侧重于交通功能和交通量；行政等级侧重于公路在路网中的重要程度。其次，划分依据不同：景观设计等级以路域环境、交通组成和客运交通量为主要依据；技术等级以公路使用任务、功能和适应交通量为主要依据；行政等级以公路在政治、经济、国防上的重要意义和使用性质为主要依据。

公路景观设计等级虽与公路技术等级、行政等级相关，但并不完全匹配，应当综合考虑、整体权衡确定。

影响公路景观设计等级的相关因子归纳起来主要有：路域环境、交通量及其组成、行政等级等几个方面。

（1）路域环境

公路景观由公路自身景观和路域景观组成，其中路域景观占据了行车视野的绝大部分，公路景观很大程度上取决于周边的环境资源。公路景观等级自然也与路域环境息息相关。对于路域生态环境良好、风景资源丰富的，公路景观设计等级较高，反之，周边生态环境脆弱、风景资源瘠薄的，公路景观设计等级较低。

（2）交通量及其组成

一般情况下，交通量决定了公路的技术等级。技术等级高的公路，交通量大，景观受众面广，尤其是旅游观光客的比例较高时，公路景观设计等级应该提高。货运为主的公路，驾乘人员对公路景观的期待较低。

（3）行政等级

行政等级体现了公路在路网中的地位，行政等级越高，公路越重要，相应景观设计等级也应越高。

（4）其他因素

靠近城市的公路，景观设计等级较远离城市的公路高。经济发展水平较发达的地区，人们的审美需求层次相对较高，可以用于景观投入的资金越充裕，这些对公路景观设计等级也有一定影响。

参考文献[12]将公路景观设计等级分为A、B、C三级。其中，A级为优美、B级为良好、C级为一般。公路景观设计等级根据公路综合条件，并结合公路项目的重要性确定，见表2-2。

公路景观设计等级的确定

表2-2

公路综合条件	一 般 项 目	中等重要项目	重 要 项 目
Ⅰ	A级	A级	A级
Ⅱ	B级	A级	A级
Ⅲ	B级	B级	A级
Ⅳ	C级	B级	B级

公路综合条件Ⅰ、Ⅱ、Ⅲ、Ⅳ级分别为：Ⅰ级为穿过公园、自然保护区、野生动物保护区、游憩区、旅游胜地的公路；Ⅱ级为临近公园、自然生态保护区、野生动物保护区、游憩区、旅游胜地的公路；Ⅲ级为通过一般地区，但生态环境良好的公路；Ⅳ级为生态环境较差地区的公路。

公路项目重要性划分为一般项目、中等重要项目、非常重要项目三类。一般项目为一般省道、地方道路的新建与改造项目；中等重要项目为一般过道省道主干线的新建与改造项目；重要项目为高速公路、国道主干线及具有特殊政治意义的公路的新建与改建项目。

A级景观：景观要求高，需要通过各种手段减弱公路建设对周边环境的扰动，恢复生态创面；有效整合周边风景资源、生态资源、文化资源；景观设计生态化、本土化、地域化、丰富化，公路结构物设计精细化。

B级景观：景观要求较高，重视生态保护，减少生态创面。对周边风景资源、生态资源、文化资源合理加以利用，结合公路自身结构物和绿化设计，适当融入地域文化元素。

C级景观：景观要求较低，路域生态环境大多较差，风景资源较少，公路重要性较低。公路设计简约，重点为结构物设计和安全设计。

二、公路景观序列

1.公路景观序列特点

从行车体验上，公路具有如下特点：

（1）公路长度一般为几十乃至几百公里，车流汇入的地点不同，对于不同的驾乘人员，有不同的景观起点和终点。

（2）驾乘人员处于高速行驶中，对复杂序列的辨识能力有限。

（3）公路对安全性的要求较强，景观序列应满足驾乘人员的驾驶安全心理。

由于这些特点，决定了公路不同于一般的园林景观，不能按常规的起点、承接，高潮、尾端的模式进行景观序列设计。

张弛序列是通过收放节奏控制的序列。张，即张力，感官刺激段（视觉为主）；弛，即放松，感官舒缓。

隧道洞门、互通、天桥等节点，道路线形变化较大的路段（长度不超过10km），路侧风景优美的路段（长度不超过10km），变化的中分带等，在这些节点或路段通过美感刺激，促使驾乘人员行车感受发生改变，引起适当紧张感的点或段，均属于“张”。景致普通，令驾乘人员精神放松的路段，属于“弛”。通过张弛交替，构成行车体验的节奏感。

“张弛”序列是适宜公路特点的景观序列，具有以下特点：

（1）张弛序列是循环序列，不同地点进入序列的驾乘人员都能感知。

（2）张弛序列是简单的景观序列，即便驾乘人员在高速行驶中也能感知。

（3）张弛序列通过循环收放的景观结构，给驾乘人员以兴奋感，起到提示作用，防止“道路催眠”。

2.公路景观序列的单位长度

参考文献[13]的研究表明，为防止“道路催眠”，需在驾驶过程中，每5～10min提供给驾驶员新的视觉吸引点，降低驾驶的疲劳感。应综合考虑心理、线性、环境等因素。山区公路的线形多变，路线变化产生的刺激较大，故张弛序列的时间阈值可取大值；反之，平原公路的线形变化小，张弛序列的时间阈值可取小值。按公路营运后较低的限速100km/h计算，如张弛序列“弛段”单位长度为8.33～16.67km，可取8～17km；“张段”可以是节点，也可以是视觉兴奋段，由于刺激时长大于1min，易构成紧张倦怠，刺激时长小于5s，提示性较弱，影响提示效果，按速度100km/h计算，长度宜介于0.139～1.67km之间，取0.14～1.7km（图2-13，图2-14）。

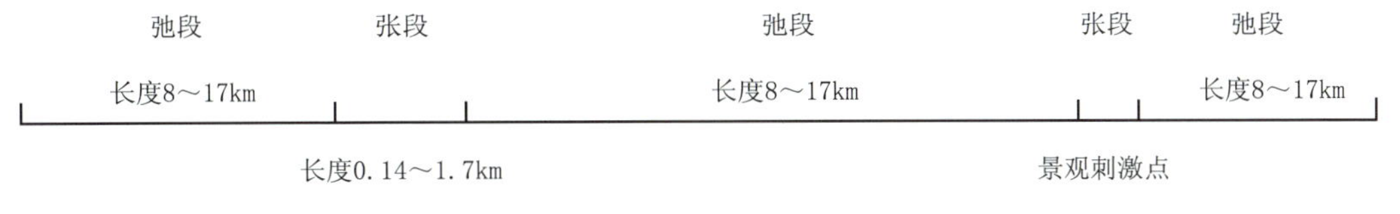

图2-13 张弛序列示意图

图2-14 兴奋点设置示意图

三、风貌规划

综合道路沿线的地貌特征、用地现状、生态环境特点、空间特点以及公路自身的工程特点，将道路景观规划为若干风貌带。风貌带体现了公路景观体验内容与顺序（图2-15）。

常见的风貌带有：田园风貌带、地质风貌带、森林风貌带、江河风貌带、近郊风貌带等。

景观风貌主要通过透景整合、互通景观营造、隧道景观营造、附属设施结构景观营造来实现，其中，透景整合是最为主要的实现方式。

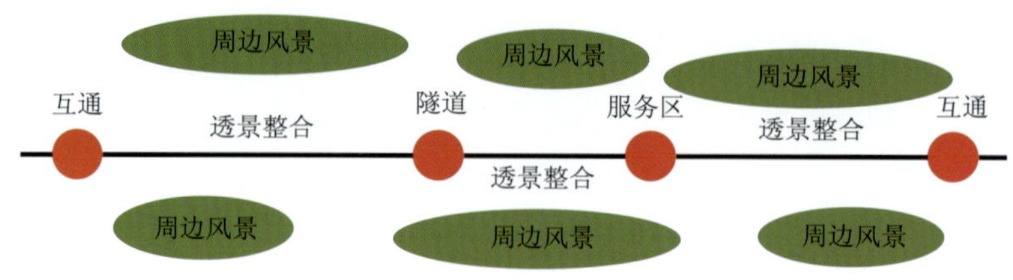

图2-15　风貌表现示意图

1.透景整合

公路自身在车行视域范围内所占比例较小，公路风貌主要取决于公路沿线周边的环境。通过透景设计，整合展现公路周边景观资源，是实现景观布局最为主要和有效的方式。

桥梁断面、路堤断面一般为开敞型现状景观界面，视线较为通透，路外景观一览无余，这些段落，通过开敞式种植，可将路外的风貌引入路内（图2-16）。

图2-16　透景整合示意图

2.互通节点景观

互通节点位于沿线重要位置，占地面积较大，且互通区域内车速较慢，车行方向随匝道方向改变，景观可视面大。

通过适当的设计手法，可以营造具有风貌特点的互通景观（图2-17）。如在互通内保留和设计块面状绿地，体现田园风情；在互通内设计微地形，并配植丛状植物群落，模拟山岭重丘植被景观。

图2-17　互通景观风貌示意图

3.隧道节点景观

隧道与地形地貌息息相关，往往山地容易出现隧道构筑物，处理好隧道及隧道群的整体景观，也是景观风貌的展现方式（图2-18）。

图2-18　隧道景观风貌示意图

4.附属设施结构景观

附属设施包括服务区、停车区等，可供游客停留观赏，应进行精细设计，通过建筑、雕塑、绿化、铭牌、声乐环境来体现景观风貌（图2-19）。

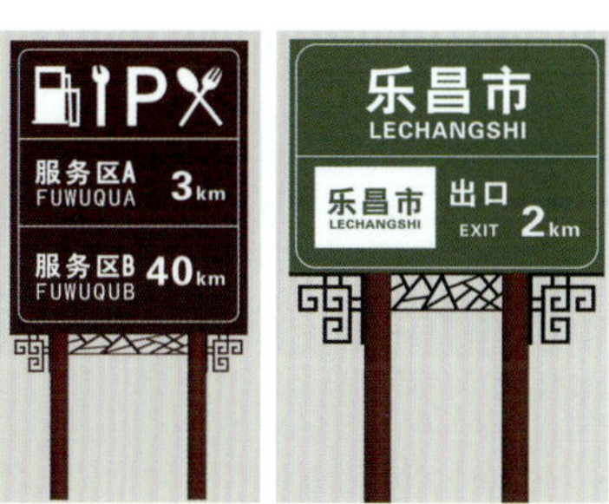

图2-19　附属景观风貌示意图

四、生态规划

1.生态规划的基本原则

生态规划是通过生态辨识和系统规划，运用生态学原理、方法和系统科学手段，去辨识、模拟、设计生态系统人工复合生态系统内部各种生态关系，探讨改善系统生态功能，确定资源开发利用与保护的生态适宜度，促进人与环境持续协调发展的可行的调控政策。其本质是一种系统认识和重新安排人与环境关系的复合生态系统规划。生态规划具有以下特点和科学内涵。

（1）以资源环境承载力为前提。

（2）系统开放、优势互补。

（3）高效、和谐、可持续。

任何与生态过程相协调，尽量使其对环境的破坏影响达到最小的设计形式都称为生态设计，这种协调意味着设计尊重物种多样性，减少对资源的剥夺，保持营养和水循环，维持植物生境和动物栖息地的质量，以有助于改善人居环境及生态系统的健康。

绿化规划是公路生态规划中最重要的一个方面。其以景观生态学原理为基础，从绿化构思、绿化群落的模式、全线绿化段落的划分等方面出发，基于沿线气候、自然植被、植物生长环境等条件，尽量减少对环境的破坏，以生态恢复性绿化为主，保护路线影响范围内植物资源与古木名木，最大限度地减少工程对环境造成的破坏，最大限度地恢复生态环境，同时把公路作为展现生态植被景观的动态画廊。

2. 植被生态协调种植及植物配置模式

连接公路与生态环境最根本的纽带是内在的群落结构。人工植物群落模拟当地的生态群落结构，效法自然，体现和谐的美感，与当地生态环境相容，统一内在与外在。

绿化设计应师法自然，模仿周边生态群落类别，包括自然和人工生态系统，其植物结构与生态植被相协调；以修复为主，绿量以环境为度，树种以乡土为鉴。从植物层次、树种、比例、位置等各方面综合设计，尽量与周边植被机理吻合。如周边植被为灌丛，则设计采用灌草绿化；周边植被繁茂，乔木较多，则设计以乔木为主；周边为竹林，则设计采用竹类植物进行绿化。

植物景观首先要与周边环境协调，同时也要与结构物景观相协调，起到烘托景观、安全诱导等作用，如雕塑小品等设计，绿化种植的位置和色彩都要与小品协调，不宜遮挡小品，绿化种植尽量靠后栽植，可以起到烘托的作用；又如隧道洞顶绿化设计，在色彩上尽量选择深色植物，避免洞内外明度差异过大而造成交通隐患。

五、文化规划

1. 文化景观的内涵

（1）广义的文化景观

文化是自然风光、田野、建筑、村落、厂矿、城市、交通工具和道路以及人物和服饰等所构成的文化现象的复合体。文化景观是人类活动所造成的景观，它反映文化体系的特征和一个地区的地理特征。索尔，C.O.在1925年发表的著作《景观的形态》中，认为文化景观是人类文化作用于自然景观的结果，主张用实际观察地面景色来研究地理特征，通过文化景观来研究文化地理。

（2）狭义的文化景观

文化景观构成中的人文要素包括两类， 即物质因素和非物质因素。物质因素是指具有色彩和形态，可以被人们肉眼感觉到的有形的人文因素， 包括聚落、人物、服饰、街道、交通工具、栽培植物、驯化动物等。非物质因素是指不被人们直接感知的、无形的， 但对景观的发展有重大作用的人文因素， 包括思想意识、生活方式、风俗习惯、宗教信仰、审美观、道德观、政治因素、生产关系等。

文化规划与整体规划和生态规划稍有不同，生态规划强调系统性，文化规划强调异质性和文化展现，多以点的形式表达，与工程结合紧密。

2.文化景观的界面和尺度

确定文化景观的尺度和界面是文化规划的内容之一。公路里程较长时，往往穿越的区域较多，文化区域景观的异质性就较为明显。而在不同的层面界定文化景观，文化景观区域也就有不同的尺度和类别。简单说来，公路穿越城市与乡村，那么沿线的文化景观就有城市文化景观（图2-20）和乡村文化景观（图2-21）；公路穿越汉族聚居区和苗族聚居区，那么也就有汉族的文化景观（图2-22）和苗族的文化景观（图2-23）；公路穿越两个村庄，自然也会有两个村庄微妙的文化景观的差别。

图2-20　城市文化景观

图2-21　乡村文化景观

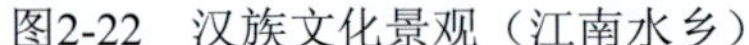
图2-22　汉族文化景观（江南水乡）

图2-23　苗族文化景观（贵州地区）

文化景观在公路景观里的界面和尺度与公路的等级、里程、跨越的地区相关，总的说来，公路等级越高，里程越长，跨越的地区越多，文化景观的尺度就越大，也即文化着眼的层面越大，同时，也就存在每两个文化区域间的文化界面，这些在公路文化景观规划中应当予以体现。

3.文化景观的元素与展现

文化景观有众多元素，从时间上分，有古代文明和现代文明；从进化程度上分，有残遗文明和持续文明；从类别上分，有建筑景观、服饰景观等；从物质性上分，有物质文明和非物质文明。这些元素并非都能通过公路景观展现，与公路景观相关的文化元素主要为：建筑元素、农耕元素、服饰元素、工业文明元素。

（1）建筑元素

就公路景观而言，建筑元素一般指民居和宗教建筑，这两者都能很大程度的反映当地人文风貌。不同的区域，因为不同的环境特点、不同的生活习俗，铸就了不同的建筑风貌。一个地域最显著的文化特点是聚落，而建筑正是聚落的物质载体。在景观设计中，有意识的使用当地建筑的文化符号，将使公路极具地域特色（图2-24）。

a）

b）

c）

图2-24　各地建筑

a）北京皇家建筑；b）四川地区穿斗式民居；c）陕南地区石头房民居

（2）农耕元素

农耕元素是指当地人们适应自然而采用的耕种（畜牧）方式，例如川贵地区的梯田、江浙的农田、内蒙古的牧场等。农耕形式充分展示了当地的自然环境和文化习俗，是公路周边面积最大的文化景观风貌类型。巧妙的采用借景和模拟的手法，可使公路成为展示农耕文明的长廊（图2-25）。

a）

b）

c）

图2-25　各种耕种方式

a）梯田；b）农田；c）牧场

（3）服饰元素

服饰是装饰人体的物品总称。包括服装、鞋、帽、袜子、手套、围巾、领带、提包、阳伞、发饰等。每个区域，都有其独特的服饰风格，我国各个民族的服饰，在色彩、材质、搭配、形式上均各有特色，极具辨识性（图2-26）。提取地域内民族服饰的相关元素，融入景观设计中，也是体现当地文明的一种方式。

a）

b）

c）

d）

图2-26　各少数民族服饰

a）藏族；b）傣族；c）回族；d）苗族

（4）工业文明元素

工业文明是工业发展的沉淀，经历手工业、机器大工业、现代工业几个发展阶段。工业文明元素包括代表性的机械、成果、产品等。在服务区、隧道前区等场合，可通过合理的手法再现工业文明元素，体现道路所经区域的工业文化经脉，使公路景观具有时代感和历史感（图2-27）。

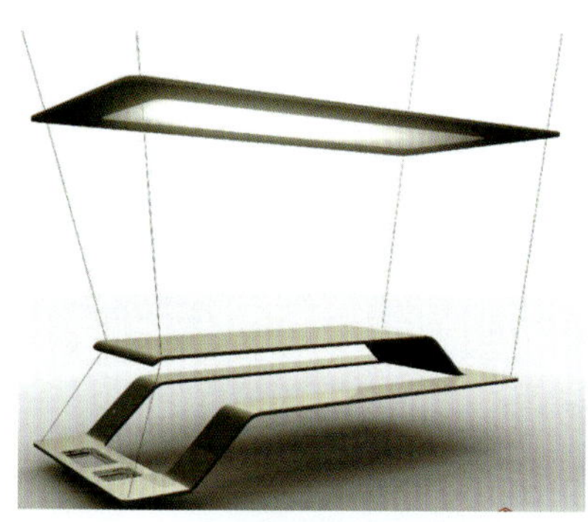

图2-27　工业文明元素及其体现

根据文化元素的特性和高速公路的特点，对文化元素，可通过展现、再现、抽象、叙述的方式加以利用。

（1）展现

这类利用方式，主要针对有形、且在行驶视域范围内的文化元素，如路侧的民居村落（图2-28）、优美的农田（图2-29）、壮观的山景（图2-30）等。路侧景观采用开敞式的设计，采用借景的方式，将文化元素整合到公路景观中来。

图2-28　沿线民居

图2-29　沿线农田

图2-30　沿线山景

（2）再现

对于适宜于工程表现的文化元素可以采用再现的手法，如立交区域内有条件可复耕，再现农田风貌（图2-31）；隧道端墙洞门可采用仿石处理，再现周边岩石机理（图2-32）；设置雕塑或浮雕，采用具象的艺术手法，再现图腾等文化元素。

图2-31　再现农田风貌的互通景观

图2-32　再现岩石机理的隧道洞门仿石

（3）抽象

高速公路的设计宜简洁，设计需要象征意义，对区域文化可采用抽象的手法，将文化元素提炼成景观符号，运用到结构物装饰上（图2-33）。这种抽象可以体现在形态上的，也可以体现在色彩上。

（4）叙述

在服务区、停车区等可供驾乘人员停留的区域，可以采用适当的景观载体，如景观铭牌（图2-34）、景观壁等，以文字表达当地的文化。声音也可以作为载体，如在服务区播放具有民族特色的音乐。

图2-33　抽象当地服饰特点的隧道洞门

图2-34　景观铭牌

六、色彩规划

色彩是通过眼、脑和我们的生活经验所产生的一种对光的视觉效应。人对颜色的感觉不仅仅由光的物理性质所决定，同时也受到周围颜色的影响。色彩规划，就是通过判断、推理、演绎等抽象思维能力，将从大自然中直接感受到的纷繁复杂的色彩印象予以规律性的揭示，从而形成色彩的理论和法则，结合受众的色彩心理需求和设计对象的特点，运用于景观规划设计中。

1.景观色的属性与分类

（1）色彩基本属性

色彩具有色相、明度、纯度三个基本属性。

①色相是色彩的相貌，是区分色彩的主要依据，是色彩的最大特征（图2-35）。

②明度是指色彩的明暗程度，也即深浅差别。色彩的明度差别包括两个方面：一是指同一色相的深浅变化，二是不同色相间存在的明度差别，而光的明暗度称亮度（图2-36）。

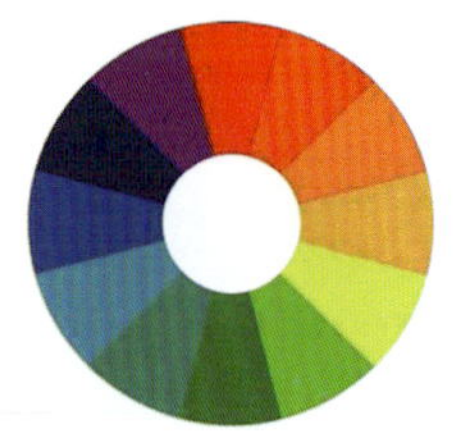

图2-35　色环

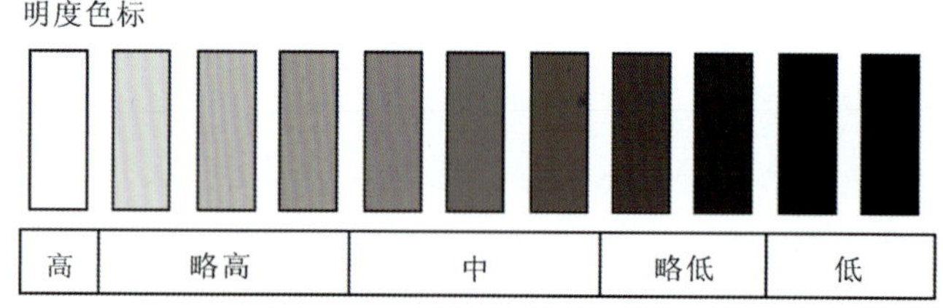

图2-36　明度色谱

③纯度即色彩所含的单色相饱和的程度，也称为彩度。纯色色感强，即色度强，所以纯度亦是色彩感觉强弱的标志（图2-37）。

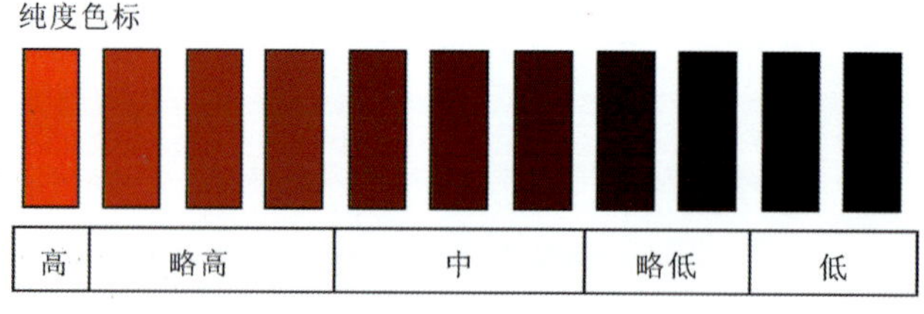

图2-37　纯度色谱

（2）色彩的心理属性

日常生活中观察的颜色在很大程度上受心理因素的影响，即形成心理颜色视觉。

①色彩的冷、暖感。红、红橙、橙、黄橙、红紫等色产生温暖、热烈、危险等感觉；蓝、蓝紫、蓝绿等色产生寒冷、理智、平静等感觉。

②色彩的轻、重感，主要与色彩的明度相关。明度高的色彩有轻柔、飘浮、上升、敏捷、灵活等感觉；明度低的色彩产生沉重、稳定、降落等感觉。

③色彩的软、硬感，主要与色彩的明度和纯度相关。明度越高感觉越软，明度越低则感觉越硬，白色例外。

④色彩的前、后感。一般暖色、纯色、高明度色、强烈对比色、大面积色、集中色等有前进感觉；相反，冷色、浊色、低明度色、弱对比色、小面积色、分散色等有后退感觉。

（3）景观色的分类

从色彩的物质载体性质看，景观的色彩可分为三类：自然色，半自然色和人工色。

①自然色是指自然物质所表现出来的颜色，在景观中表现为天空、石材、水体、山体、植物的色彩。

②半自然色是指人工加工过但不改变自然物质性质的色彩，如加工过的各种石材、木材、金属的色彩，道路景观中的隧道洞门和挡墙的色彩。

③人工色是指通过各种人工技术手段生产出来的颜色，如道路景观中的桥梁涂装色彩。人工色往往是单一的，缺乏自然色和半自然色那种丰富的全色相组成。但与自然色和半自然色相比，人工色可以调配出各种的色相、亮度和彩度，为路域色彩的营造提供无限的可能性。

2.公路景观色的特点

（1）系统性

公路景观色彩不仅仅是公路本身的色彩，应与路域色彩统一考虑，形成独特统一的色彩系统。虽然环境色千差万别，但车行视线内，周边植被及路侧绿化呈现的绿色是主要元素。道路色彩体系，以绿色为基调色，同时结合道路周边的文化色彩，确定该条道路的标识色，主色系统和辅色系统。

（2）功能性

道路色彩规划不仅考虑视觉美学，更考虑对行车安全的辅助作用。国家规范对道路交通标识、警示色彩有相应的规定，色彩规划设计应避免在景观色彩应用上重复，从而诱发安全事故。同时，设计可利用色彩心理特点，进行警示诱导设计，减少长时间驾驶带来的疲劳感。如在隧道进洞前周围绿化色彩多用色叶植物，或采用彩色路面进行提示。

3.景观色彩的构成和组合方法

（1）景观色的构成

公路景观色彩是一个完整的系统，包括了路域范围内自然景观和人文景观的色彩、公路构筑物的色彩、交通设施的色彩等等，由基调色、主调色、配合色和强调色组成。

①基调色即背景色，公路地域的背景色彩，环境的范围不同，基调色也各异。如，在湖畔、河流旁的道路景观中，水的色彩则成为基调色；在沙漠地段的道路景观，沙漠的色彩则成为基调色。

②主调色是指公路自身大块面的主要色彩，包括公路中央分隔带、路面和边坡绿化、以及停车场绿地铺装等各个部分的色彩。主调色彩在体现公路色彩形象方面有着举足轻重的作用，是公路色彩中较为丰满的一部分。

③配合色是与主调色组合在一起的使主调色更加丰富的色彩。

④强调色也是标识色，是面积较小，但突出、醒目、明快的部分，多由当地文化色彩提炼，反复运用能起到公路的色彩符号作用，使公路设计具有地域异质性。如指示牌的色彩，停车区、服务区设施的色彩及雕塑小品的色彩等。色彩体系中，强调色的使用非常重要，可以使整体环境色彩显得更为生动。

在公路景观的色彩构成中，基调色、主调色、配合色和强调色并不是孤立存在的，而是相互依托，相得益彰。

（2）景观色的组合方法

景观色彩组合主要为类似色组合和对比色组合两种。

①类似色的组合。色轮上90°以内的色彩相互组合，这些色彩的变化主要体现在明度和纯度上。如不同种植物不同纯度、明度的绿色组合就属于类似色的组合。类似色的组合由于其调和性，视觉效果易于被人接受，但这种色彩组合只能维持一般的适应感，容易产生单调、乏味的感觉。

②对比色的组合。色轮上相距120°的色彩组合形成对比色的组合。自然色彩与人工色彩可形成对比色的组合。这种色彩组合给人鲜明、强烈的感觉，往往可达到较好的景观效果，但也要避免过分强烈，造成跳跃、不统一感，甚至造成

安全隐患。

无论采用类似色还是对比色，都应当考虑整体景观色彩的协调，不仅考虑添加色彩之间的协调，还应考虑添加色彩与环境色彩之间的协调，做到“大调和、小对比”。

此外，在景观环境与景观色彩组合时，还应考虑到色彩与气候环境的关系，以及多利用带有某种色彩倾向的灰色。

③色彩与气候环境的关系。通常，在炎热地区，宜多采用白色、浅淡色、偏蓝偏绿的冷色，这样给人一种凉爽、舒适的感觉；相反，在寒冷地区，宜多用暖色，如偏红、偏黄等色彩，或者在中性色系中设局部暖色，增加温暖感，这是通感引起的视觉要求，我国古典景观环境北方色彩华丽而南方较素淡恰好证明了这一点。

④多利用带有某种色彩倾向的灰色。如蓝灰、黄灰、米灰等色，这些色彩易于与其他色彩组合，并辅助鲜明色彩，烘托主题。灰色以其安定、幽静、温柔的精神特性满足人们要求安静、平和的心理，因此，可在雕塑、小品、铺装等人工物饰色时使用。

第五节　公路景观规划设计的实践

一、重庆万宜高速公路景观规划

1.项目概况

重庆万州—宜昌高速公路重庆段（以下简称万宜高速公路）是国家重点高速公路网“13纵15横”中杭州至兰州的一段，其经过三峡库区淹没中心区域。三峡库区自然生态环境条件十分恶劣。万宜高速公路的建设将显著改善沿线地区的交通条件和投资环境，增进与周边发达地区的经济交流，加快旅游等优势资源的开发利用，使该区域成为全国最具吸引力的三峡库区生态旅游观光走廊。

（1）区位分析

万宜高速公路位于重庆市东北部，素有“渝东咽喉和门户”之称。其布局图见图2-38所示。路线起于重庆与湖北交界处的楚阳镇（K0+000），经过巫山县、奉节县和万州区，止于万州以南青杠坝与渝万高速公路相接（K224+245），路线总长约224km，分巫山至奉节段、奉节至云阳段和云阳至万州段三段设计。路线位于三峡库区的长江北岸，走向与长江基本平行。

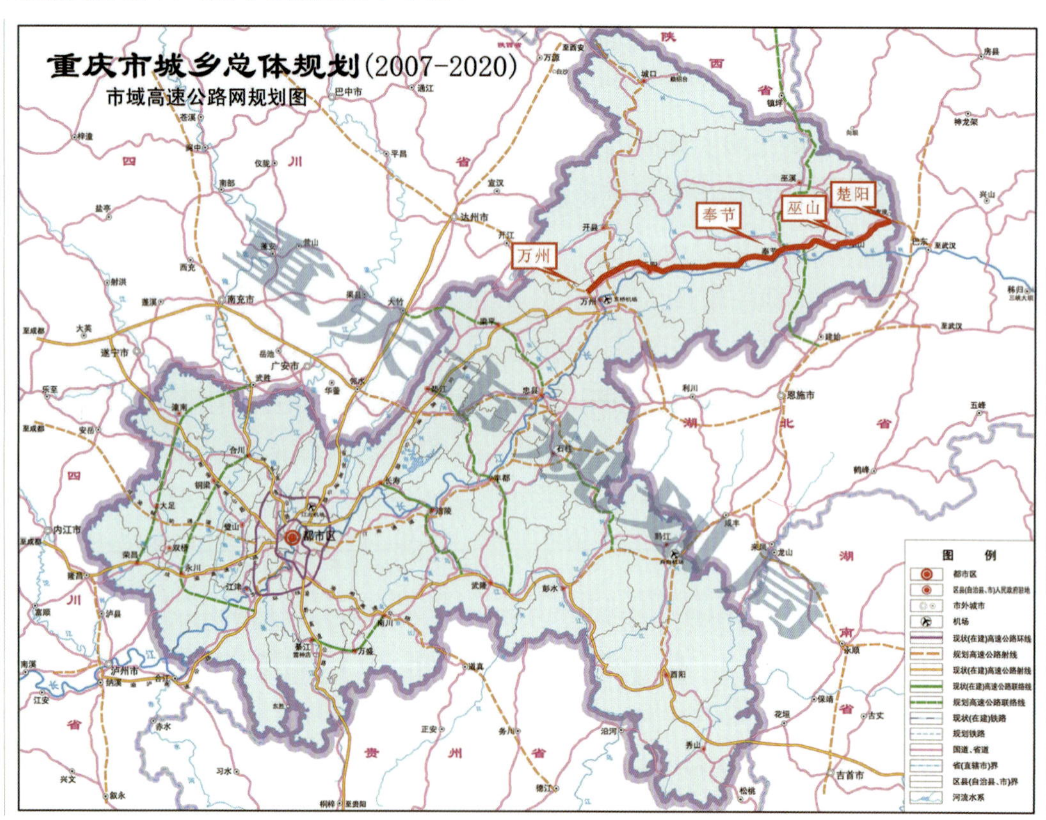

图2-38　万宜高速公路布局图

（2）气候特征

沿线属亚热带湿润季风气候。年平均降雨量980～1 340mm，年最大降雨量1 614.8mm，日最大降雨量212.7mm，雨季降雨（5～8月）约为全年降雨量的70%；平均相对湿度为76.8%～80.7%；最高年平均气温29.9℃，最低年平均气温18.7℃，极端最低气温－4.0℃，极端最高气温41.7℃。

（3）水文条件

地表水系较发育，主要河流均为长江北岸支流，其中一级支流主要有大宁河、石马河、梅溪河、朱衣河、汤溪河及彭溪河等，为常年性河流。除上述支流外，还有一系列横向溪沟，大多常年有水，少量次级支沟为季节性溪流。

（4）地形地貌

沿线地形起伏较大、海拔高程多在200～1 000m，主要有堆积地貌、构造剥蚀地貌、侵蚀地貌、溶蚀地貌。公路沿线地形陡峭、山岭连绵、山势雄伟。从总体上看，地形从巫山至万州呈现山势渐缓的趋势，巫山境内高山峡谷较多，河谷深切，地势陡峻，奉节、云阳等地山势略缓，视野开阔，万州境内山势更缓。地形地貌特征见图2-39所示。

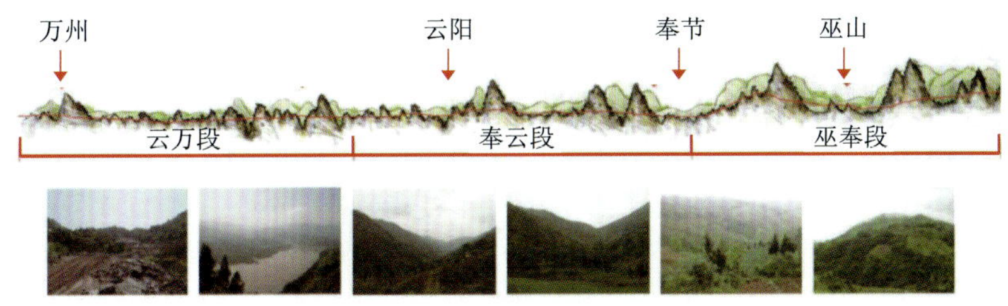

图2-39　万宜通道地形地貌特征

（5）旅游资源

项目所在区域得天独厚的地理位置造就了许多壮观神奇的地理奇观，沿线及周边旅游资源丰富且独具特色（图2-40），属重庆旅游资源富集区。

巫山境内幽深秀丽的长江三峡之一的巫峡，令游客叹为观止，蜚声海内外；状若盆景的“巫山小三峡”、人间仙境“巫山小小三峡”，以其山清水秀，群峰壁立，竹木葱茏，饶有野趣，被誉为“中华奇观”、“天下绝景”。204万年前的巫山人遗址，秦末汉初的古栈道，千年悬棺，神女庙等被称为“国之瑰宝”。

奉节境内有世界最大的小寨天坑、世界最长的天井峡地缝、世界级暗河龙桥河、中国十大风景名胜之一的长江三峡第一峡的瞿塘峡，有中国历史文化名胜白帝城、刘备托孤的永安宫、诸葛亮的八阵图、瞿塘峡内的摩崖石刻、悬棺群等自然、人文景观和天坑地缝为中心的特色旅游区。

云阳地形地貌奇特，山水雄奇秀美，旅游资源十分丰富，境内有龙缸、大安洞、石笋河峡谷、黄陵峡、火山峡、九狮坪、四十八槽等自然景区，风光奇异，令人醉心悦目。也有始建于1700多年前素有“巴蜀胜景，文藻胜地”之称的张恒侯庙、以雄、险、奇而闻名遐迩的磐石城（又名磨盘寨）等文化旅游景点。

万州境内的主要人文景观有：西山碑、鲁池流杯（曲水流觞）、天子城（天城倚空）、甘宁墓遗址、虬溪书院（演易台）遗址、木枥观等，主要自然景观有：甘宁青龙瀑布、盐井龙洞、岑公洞、龙泉洞、天仙桥、蛾眉碛、千斤石（金岛印浮，又名玉印中浮）、乌龙池森林公园、戴家岩等。

图2-40　万宜高速公路沿线旅游资源分布图

2.公路景观价值评估

根据表2-1的场地价值评估及等级划分，评估万宜高速公路场地价值，得到表2-3的结果。

万宜高速公路场地价值评估

表2-3

序号	价值类型	场 地 特 征	等 级	等 级 描 述
1	地貌价值	长江三峡喀斯特地貌，但距离公路较远	Ⅱ级	地貌较为奇特，层次丰富，具有较强烈的视觉冲击力
2	植被价值	植被以灌丛为主，点缀人工针叶林，部分地区有三峡地区红叶植物	Ⅱ级	植被以灌丛为主，点缀乔木
3	历史遗迹价值	巴人部落遗址、秦末古栈道、千年悬棺、汉墓群、白帝城、张飞庙、摩崖石刻、小三峡、瞿塘峡等	Ⅰ级	具有国家级历史遗迹
4	水文价值	大宁河、石马河、梅溪河等	Ⅱ级	临近公路分布着湖泊、河流和沼泽
5	建筑风貌价值	穿斗式建筑	Ⅱ级	临近公路分布着具有当地特色的建筑
6	农业文明价值	梯田	Ⅱ级	临近公路分布着具有特色的农耕用地
7	野生动物价值	无	Ⅱ级	无野生动物出没

3.公路景观等级

万宜高速公路临近公园、自然生态保护区、野生动物保护区、游憩区、旅游胜地的公路，综合条件为Ⅱ级公路；同时为国道主干线，系重要项目。根据表2-2 的等级确定方法，万宜高速公路景观设计等级为A级。

4.风貌规划

万宜高速公路具有突出的地貌空间和区域文化特点，综合沿线的地貌特征、用地现状、生态环境特点、空间特点以及公路自身的工程特点，将万宜高速公路划分为七个风貌带。

（1）巴渝风情段（图2-41）：K0+000～K22+000，长约22km。该段位于巫山县境内，是万宜高速公路的起点段，与湖北省交界。沿线山势较陡，海拔在700m以上，线路跨越了范家河、指肠河、十八溪河等沟谷，沿途自然风光秀丽。受地形的影响，该段高陡边坡、隧道和桥梁较多，具有代表性的有火烧庵隧道、骡平隧道、大风口隧道等特长隧道。由于该段是湖北进入重庆的第一段，在景观营造上以反映重庆地方特色为主，提取巴渝文化符号，对结构物景观（如隧道洞门、挡墙）进行营造。

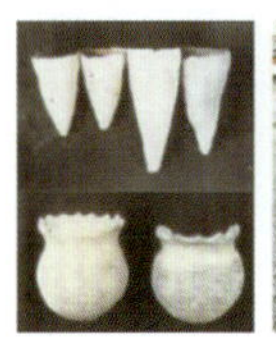

图2-41　巴渝风情段意向图

（2）三峡印象段（图2-42）：K22+000～K51+000，长约29km。该段位于巫山县境内，距巫山县城较近，有巫山互通与县城相连。沿线山陡坡斜，沟谷纵深切割明显，路线跨越了大宁河等河流，景色较好。该段高陡边坡和桥梁较多，具有代表性的有何家坪特大桥、大宁河特大桥等。该段两侧边坡围合的地理特征明显，又属于长江三峡之一的"巫峡"景区范围，公路景观将重点放在路堑边坡的造"势"和桥梁、隧道、挡墙等结构物景观营造上，通过对三峡文化元素的整理和提炼，在边坡形态和结构物上进行表现，赋予地域文化的认同感。

图2-42　三峡印象段意向图

（3）石马河沿溪生态段（图2-43）：K51+000～K76+000，长约25km。该段位于奉节县境内，路线沿石马河河谷的山腰布线，线位舒展顺直，且属于长下坡路段。由于河谷开阔平坦，该段的可视距离较远，周边河谷地貌特征明显，自然景色秀丽，容易让人产生兴奋。公路景观重点放在路域借景和绿化上，通过对路基边坡、路侧、桥头、隧道洞口的绿化,营造山岭沿溪绿化特色路段。

图2-43　石马河沿溪生态段意向图

（4）诗城遗韵段（图2-44）： K76+000～K107+000，长约31km。该段位于奉节县境内，距奉节县城较近，分别有奉节东互通和西互通与县城相连。路线被凤凰梁特长隧道分为两个段落，东段跨长江的支流—梅溪河，在局部线路上能看见长江；西段沿朱衣河河谷丘陵区布线，线形起伏较大。由于地形条件的复杂，该段结构物较多，也较密集，重要结构物有梅溪河特大桥、财神梁隧道、山黄包隧道、凤凰梁隧道和两个互通等。公路景观重点放在结构物上，通过发掘奉节“诗城”深厚的历史文化，对公路构造物进行改造，突出地域文化，增强路段的文化识别性，同时结合公路绿化，修复原有植被，与周边环境协调过渡。

图2-44　诗城遗韵段意向图

（5）三峡渔歌段(图2-45）：K107+000～K166+000段，长约59km。该段位于云阳县境内，沿线沟谷纵横，山势较陡，自然风光以山岭旱地景观为主，植被较少。由于地形条件复杂，公路桥隧结构物较多，具有代表性的是连续6座隧道的隧道群（水田湾1、2号、桥梨湾、向家、庙垭口、土地垭隧道）。公路景观重点放在隧道群上，对隧道洞口结构、场地、绿化进行统一考虑，成为全线的结构物景观亮点。

图2-45　三峡渔歌段意向图

（6）平湖风光段（图2-46）： K166+000～K189+000，长约23km。该段位于云阳县境内，距云阳新县城较近，有云阳互通与县城相连。路线穿越两山之间的丘陵区，路线跨长江的支流—彭溪河，设彭溪河特大桥，并且在桥头设云阳服务区（或观景台）。由于该段地势较低，且河谷开阔，随着三峡水位的提高，高峡平湖景观在该段尤为明显。公路景观重点放在结构物（桥梁和服务区建筑）和路段内的借景上，在开阔的路段，以特色路侧绿化，引导用路者观赏高峡平湖风光。

图2-46　平湖风光段意向图

（7）城市风情段（图2-47）：K189+000～K224+245，长约35km。该段位于万州区境内，距万州区城市较近，有多个互通与城区相连。沿线地貌以丘陵山地为主，地形相对平缓，周边农业发达，多为旱地和良田，城郊风光特征明显。由于地形相对较缓，沿线边坡较缓较矮，公路建设对环境的破坏较小。该段的主要特点是互通较多，有分水梁、古家坝、马鞍石、塘坊和高粱等互通，互通平均间距5km。公路景观重点放在互通区和路侧特色绿化上。

图2-47　城市风情段意向图

5. 生态规划

根据植被情况和工程特点，将全线划分为两个生态规划段落（图2-48）。第一段（图2-49）自起点至K166+000，该区域含巴渝风情段、三峡印象段、石马河沿溪生态段、诗城遗韵段、三峡渔歌段等五个风貌段落。就地貌而言为山岭地区，土层较为瘠薄，边坡高挖，桥隧结构物较多，生态环境脆弱，绿化手法以草甸灌木、疏植乔木为主，山间石隙，种植乡土灌木或爬藤植物，点缀红叶植物，烘托三峡高速峡壁之气势。由于该区域山势较陡，弯道多，植物的引导、空透等功能性种植也是重点。

第二段（图2-50）自K166+000至终点，该区域含平湖风光段和都市风情段两个风貌段。该段以山岭风光和乡村风光为主，农耕用地多，规划以乔灌搭配为基调，合理搭配常绿及落叶树种，注重季相变化，平湖风光段距离河流较近，路侧种植以不遮挡观景视线为宜；都市风情段可采用观花植物，营造较为热烈的氛围。

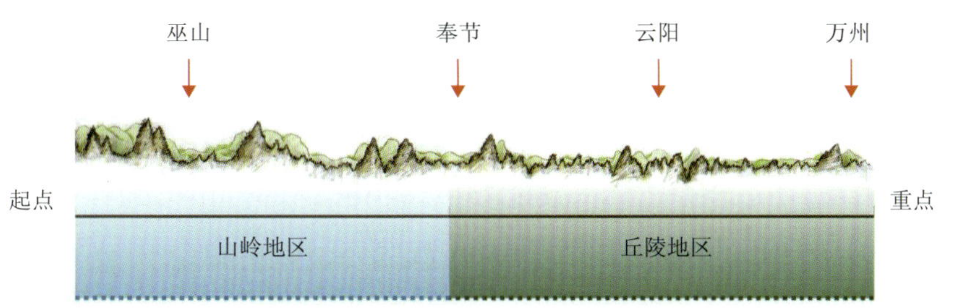

图2-48　万宜高速公路生态规划示意图

图2-49　万宜高速公路生态规划意向（一）

图2-50　万宜高速公路生态规划意向（二）

6.文化规划

对全线文化资源进行梳理提炼，选取巫文化、神女文化、诗城文化、三国文化、渔歌文化、移民文化等作为万宜通道文化规划的线索（图2-51），结合风貌段落，在边坡、隧道、立交、服务区等重点结构物和场地展现文化，提升公路的文化品位。

图2-51　万宜高速公路沿线文化规划线索

二、重庆渝湘高速公路景观规划

1.项目概况

重庆至长沙高速公路重庆段（以下简称渝湘高速公路）是国家重点干线公路宁波至西藏樟木的重要组成部分，也是连接重庆市几个少数民族、贫困人口地区的交通要道。该项目的建设打通了重庆市主城区与重庆最边远的渝东南地区的快速通道，进一步完善了重庆市主架公路“二环八射”网络，同时，通过交通的发展，对加快沿线旅游资源的开发，促进社会经济可持续发展，具有重要意义。

渝湘高速公路重庆段起于秀山县洪安镇，经酉阳、黔江、彭水、武隆、南川水江，止于巴南区界石，全长440km。由于地质条件复杂，全线桥隧比例占50%以上。

（1）区位分析

渝湘高速公路（图2-52）途经的重庆东南部，与湘、鄂、黔三省相连，集革命老区、少数民族地区、贫困地区、边远地区于一体。319线、318线、326线三条国道及乌江、纵横其境，素有“川（渝）东南门户”之称。

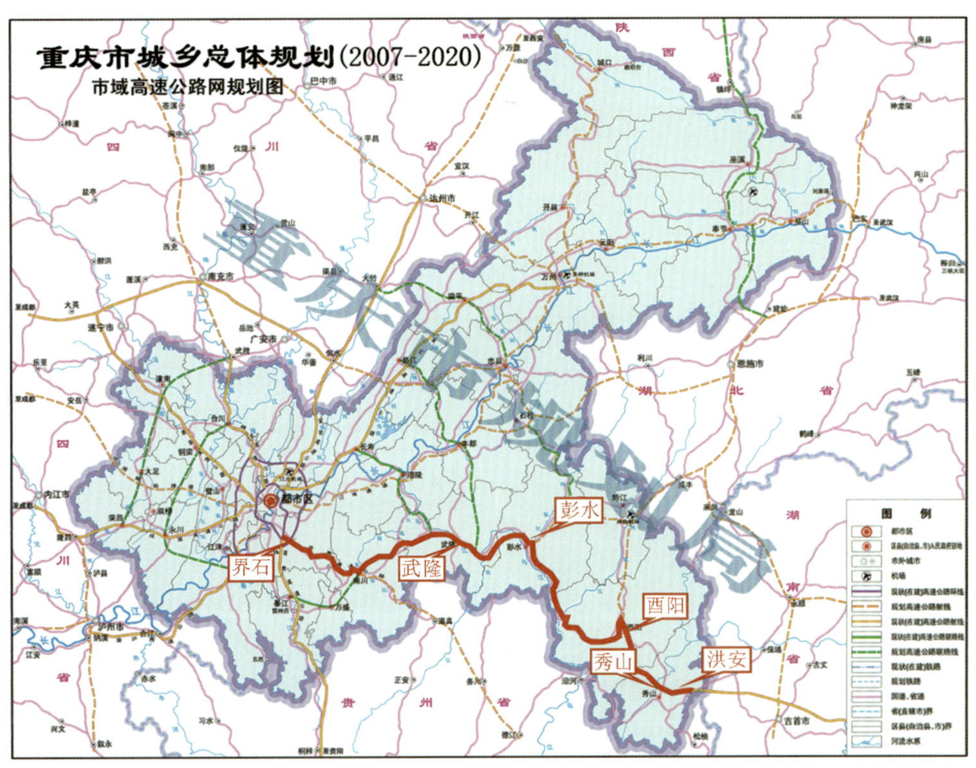

图2-52　渝湘高速公路区位图

（2）气候特征

气候属亚热带湿润季风气候，年平均气温17℃，冬暖夏热，四季分明，湿润多阴，降雨量充沛，全年降水量多在1 000mm以上，以夏季降水最多，春季为次，秋季再次，冬季最少。局部地区由于地势高低的影响，立体气候特征十分明显，海拔在500m左右的河谷地区年平均气温18.5℃，无霜期大于300d，年降雨量近1 000mm；海拔在1 200m以上的中山地带，年平均气温11.2℃，无霜期230d，年降雨量超过1 200mm。

（3）水文条件

沿线气候温暖潮湿，雨量充沛，溪谷纵横，区内河流分别属阮江水系，主要干流有溶溪河、梅江、洪安河等；乌江及其支流芙蓉江、大溪河、长途河、木棕河，郁江、阿蓬江、石梁河、糯米溪、马溪河等。

（4）地形地貌

公路沿线地处云贵高原大娄山褶皱带与武陵山系的分交地区。北眺七曜山，属巫山、大娄山中山区。地貌以丘陵、山地为主，坡地面积较大，成层性明显，分布着典型的石林、峰林、溶洞、峡谷等喀斯特地貌景观。地境内河溪纵横，河流切割强烈，地表起伏大，山脉、河流多顺构造线东北向布展。

（5）植被资源

沿线（图2-53）自然植被资源丰富，植被类型主要有山地常绿阔叶林，山地常绿、落叶混交林，低中山针叶、阔叶混交林。主要原生乔木树种为香樟、楠木、木姜子、油茶、柑桔、钩栲、泡桐、枫香、柏木、马尾松等。灌木树种为马桑、映山红、火棘等。其中珍贵树种有：银杏、红豆、秃杉、马尾松、珙桐等。沿途自然植被风光丰富优美。

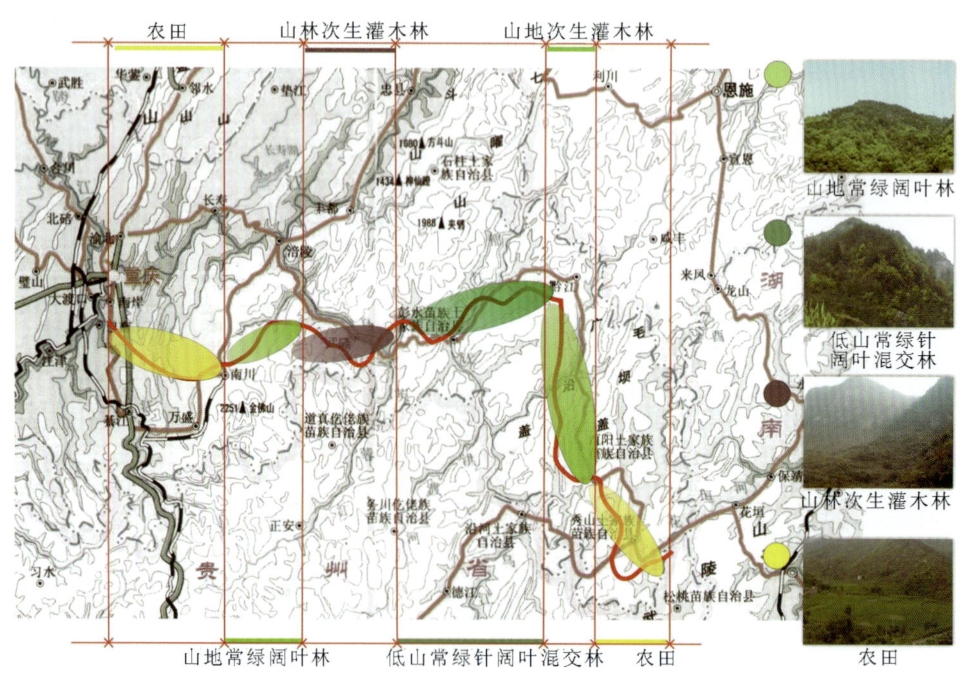

图2-53 渝湘高速公路沿线植被资源分布图

（6）旅游资源

路线途经渝东南少数民族聚居区，旅游资源丰富、市场开发潜力巨大。在长江三峡、梵净山、凤凰古城三大顶级旅游景区金三角的中心，武陵山脉腹地，在渝、黔、湘、鄂四省（市）边区结合部。渝东南地区以其秀丽的自然山水、独特的历史文化、浓郁的民族风情，逐渐发展成为全国知名的旅游热点地区（图2-54）。

图2-54　渝湘高速公路沿线旅游资源分布图

秀山有沈丛文笔下的“边城”洪安、清溪古地道与苗王墓、石堤古镇、客寨风雨桥、孔明洞等景点，构成其独特的民族文化景观旅游线。

酉阳境内武陵逶迤、江河纵横、森林密布、溶洞发育，巴渝胜境乌江画廊、渝东南“小桂林”酉水河、深山幽峡阿蓬江、大板营原始森林、陶渊明笔下的桃花源原型、古色古香的龚滩古镇、龙潭古镇等旅游景区如珍珠般熠熠生辉。

黔江是一片神秘、美丽的土地，这里大自然造就了武陵山的奇峰延绵、怪石林立、奇峰异彩，危岩深峡、溶洞密布；有深山明珠——小南海地震湖，湖水清澈如镜、湖周秀峰环立、内、外八景格外诱人；神秘的官渡峡等景色更是美不胜收；仰头山层峦叠嶂，林海浩瀚，林中色彩斑斓，幽深迷人；万涛烈士故居等更值一观。

彭水有“乌江画廊”及神龙谷的险、秀、雄、奇；芙蓉江、珠子溪的幽、静、古、稀；茂云山一山有四季、四季不同景；龙门峡的动人传说；苗族民风民俗及众多人文景观等。

南川金佛山山势雄奇秀丽，景色深秀迷人，较为完整地保持了古老而又不同地质年代的原始自然生态，融山、水、石、林、泉、洞为一体，集雄、奇、幽、险、秀于一身，它以其独特的自然风貌，品种繁多的珍稀动植物，雄险怪奇的岩体造型，神秘而幽深的洞宫地府，变幻莫测的气象景观和珍贵的文物古迹而荣列国家重点风景名胜区和国家森林公园。

巴南区区位优势明显，山川秀美。距重庆市中心7km。长江横贯区境，全区的森林覆盖率超过25%，以“山、水、园、林、洞”为代表的旅游资源十分丰富，是“中国优秀旅游城区”，重庆四大温泉巴南独占其二。巴南区工业基础雄厚。境内大中型企业众多，是重庆市汽车、摩托车生产基地。

（7）人文历史

渝东南地区丰富的自然资源及特殊的地理位置，造就了秀美壮观的独特景观，孕育了悠久的地方文化（图2-55）。

该地区2000多年建县制史和600余年土司制的历史，繁衍生息了土家、苗、侗、水、布依等16个少数民族，形成了别具一格的土司文化、民间习俗、民族风情。风趣诙谐的秀山花灯，朴实明快的酉阳摆手舞，高亢激越的土家族、苗族民歌，美观实用、独具神韵的吊脚楼，色彩绚丽的土家族“西兰卡普”，苗族的“织锦”、精致的银饰等，久负盛名。

图2-55　渝湘高速公路沿线的人文历史

2.公路景观价值评估

根据表2-1的场地价值的评估范围及等级划分，评估渝湘高速公路场地价值，得到表2-4的结果。

渝湘高速公路场地价评估

表2-4

序号	价值类型	场地特点	等级	等级描述
1	地貌价值	喀斯特地貌，距离公路较远，局部地区可见溶洞	Ⅱ级	地貌较为奇特，层次丰富，具有较强烈的视觉冲击力
2	植被价值	植被以次生针叶林丛为主，局部地区为草甸	Ⅱ级	植被以灌丛为主，点缀乔木
3	历史遗迹价值	凤凰古城、梵净山、边城洪安、小桂林、溶洞、乌江画廊、金佛山森林公园、悠久的土司文化、少数民族聚居区、织锦、西兰卡普等非物质遗产	Ⅱ级	具有地方级历史遗迹
4	水文价值	溶溪河、梅江、洪安河、阿蓬江、郁江、芙蓉江、大溪河、马溪河等	Ⅱ级	临近公路分布有湖泊、河流和沼泽
5	建筑风貌价值	穿斗式建筑	Ⅱ级	临近公路分布着具有当地特色的建筑
6	农业文明价值	梯田	Ⅱ级	临近公路分布着具有特色的农耕用地
7	野生动物价值	无	Ⅱ级	无野生动物出没

3.公路景观等级

渝湘高速公路属临近公园、自然生态保护区、野生动物保护区、游憩区、旅游胜地的公路，综合条件为Ⅱ级公路。同时，又是国道主干线，系重要项目。据表2-2，其景观等级为A级。

4.风貌规划

渝湘高速公路具有突出的地貌空间和民族文化特点，综合道路沿线的地貌特征、用地现状、生态环境特点、空间特点以及公路自身的工程特点，将渝湘高速公路划分为三个风貌带。

（1）城市近郊带（图2-56）：起点至K85+000，长约85km。该段毗邻重庆主城区，周边农耕发达，分布工业基地，现代城市气息较浓，沿途砖瓦房较多。景观营造宜注重结构物的精细，选用简洁、硬朗的形式，强调简洁明快、流畅的效果。桥型造型宜新颖、线条流畅，现代感强。适当位置可设置雕塑小品。

图2-56　城市近郊带风貌意向

（2）山水画廊带（图2-57）：K85+000至K207+000，长约122km。该段穿越武隆、彭水，周边自然风光秀丽，旅游资源丰富，道路途径乌江和郁江画廊，景观营造应从尊重历史文化和自然环境出发，尽量保护原生态自然环境，最大限度地利用自然条件，以模仿当地原生植物群落的方式绿化，营造舒适、和谐、自然的公路路域环境。在结构物造型上，追求简练。

图2-57　山水画廊带风貌意向

（3）民族风情带（图2-58）：K207+000至终点，长约262km。该段穿越秀山、酉阳、黔江，均为少数民族聚居区，民族特色鲜明。沿线农耕发达，多为山地梯田，颇具特色。公路应作为民族文化的载体，通过本土植物、色彩、造型等元素，体现当地的民族文化。如隧道洞门可从洞门造形入手，提取地方传统建筑符号；服务区可采用具有当地特色的穿斗式民居样式，展现当地建筑文化。

图2-58　民族风情带风貌意向

5. 生态规划

(1) 城市近郊带（图2-59）：该段绿化可选择具有特色的观花或观叶植物，行列栽植，体现城市化的感觉，互通与隧道洞口绿化手法宜简练、明快，与路侧绿化相协调。

图2-59　城市近郊带生态规划意向

（2）山水画廊带（图2-60）：该段由于靠近乌江画廊景区，植被依次为荒山、次生常绿针阔混叶林、竹林向山岭次生灌木林过渡，土层较薄，不宜种植乔木。在植物配景上做好立体层次的起伏变化，做好近景、远景和主景、配景的处理，使互通环境充分融合与自然。地质景观壮观的路段，绿化采用透景手法，恢复生态，留出视觉通道。互通与隧道绿化则采用自然式配植，柔化硬质构筑物边缘。

图2-60　山水画廊段生态规划意向

（3）民族风情带（图2-61）：彭水至洪安段穿越武陵山区，植被资源丰富，植被主要类型为常绿针阔叶林，植被郁闭度较高；酉阳至洪安一段植被相对稀疏，附近多农耕用地。该段公路绿化力求恢复生态，使道路与自然协调，使人行于路上，融于自然。互通绿化主要采用自然式种植与色带种植结合的方式，体现当地特色。如途经桃源胜地，互通、隧道绿化以桃花为主要树种。

图2-61　民族风情带生态规划意向图

6.文化规划

（1）城市近郊带（图2-62）：通过结构物精细设计来体现城市的文化氛围，借鉴现代建筑构成元素，以直线条来追求形式的现代感。如隧道、天桥等结构物改变以往传统的隧道洞门模式；互通景观可适当增加抽象、整型的色块图案，以适应城镇与自然的过渡，并可在适当位置设置雕塑、小品，增加互通的趣味性和现代感。

图2-62　城市近郊带文化规划意向

（2）山水画廊带（图2-63）：该段应更多体现山水环境。如隧道洞口可采用与周围山体相协调的仿石洞门，古朴大方、错落有致，与山体植物相映成趣，完全融合于自然中。互通采用自然林带绿化的手法与环境相融合。

图2-63　山水画廊带文化规划意向

（3）民族风情带（图2-64）：该段提取少数民族文化元素，运用于隧道洞门、互通雕塑、服务区建筑中。

图2-64　民族风情带文化规划意向

第三章

公路景观营造的基本方法

第一节　景观营造的载体与结构

第二章提到：公路景观设计的内涵就是整合和表现路域环境内的各种资源。核心是充分发掘景观资源，减少刻意的人为景观，展现为主，表现为辅。然而，路域景观应当如何展现与表现？可设计影响的载体有哪些？景观各元素的内在关系又是怎样的？这些都是景观设计需要首先解决的问题。

公路景观遵循张弛序列，可分为基底和兴奋点两部分（图3-1）。基底包含景观基底、生态基底和功能基底三部分。

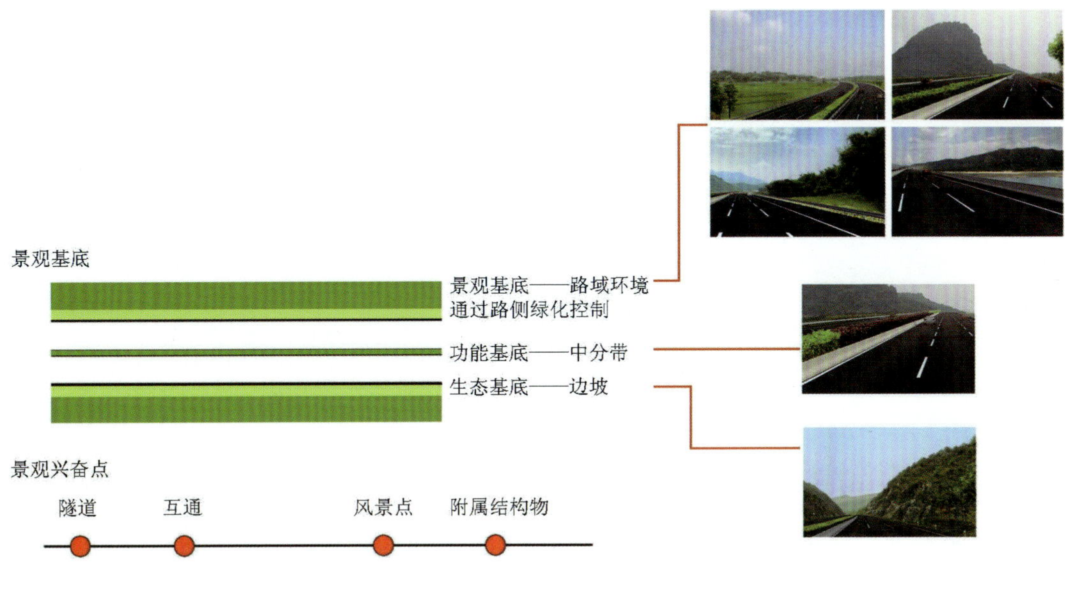

图3-1　公路景观结构

1.景观基底——路侧景观（图3-2）

公路所经区域的风貌决定了公路景观的风貌。路侧景观营造并非致力于丰富的路侧绿化形式，而是通过路侧绿化进行视线控制，整合公路周边景观：开敞种植将公路周边的风景资源纳入驾乘人员的视野，屏蔽种植将公路周边的不雅景观隔离在驾乘人员的视野之外。路侧绿化起到了景观阀门的作用。同时，适当变化的路侧绿化景观可以起到提示刺激作用。

图3-2 景观基底示意图

2. 生态基底——边坡防护绿化（图3-3）

边坡是公路红线范围内最大的生态创面，视觉影响也最大，若开挖边坡不能良好的恢复，将严重影响公路的生态景观，边坡防护绿化的效果是衡量公路生态修复程度最重要的标准。公路边坡防护绿化应以自然恢复为原则，在绿化质感、色彩两方面与周边环境相融合，减少人工痕迹。

图3-3 生态基底示意图

3. 功能基底——中央分隔带绿化（图3-4）

中央分隔带是公路路基上的连续带状绿化，种植形式和方案变化都必须满足驾乘人员的安全心理需求，主要起到防眩作用，同时方案变化可以给疲劳的驾驶人员以刺激作用。中央分隔带设计应以功能设计为主，主要依据植物的防眩效果和驾乘人员心理变化规律来设计。设计以饱满、朴素、易于养护为原则。

图3-4　中央分隔带绿化

4.景观兴奋点——节点设计（图3-5）

公路沿线的可视风景点、公路的枢纽互通、重点隧道及隧道群、服务区等重要构筑物，都是公路景观的节点。通过有效的视线引导设计将沿线可视景观展现在驾乘人员面前，通过适宜的手法营造富于地域特色的枢纽互通、重点隧道、服务区景观，这些兴奋点为驾乘人员平淡的旅途带来舒缓与紧张的节奏。

a）　b）　c）　d）

图3-5　节点设计

a）隧道1；b）隧道2；c）互通；d）服务区

第二节　公路景观营造的基本手法

景观营造是对场地发掘和顺应的过程，景观营造的基本方法即是发掘和顺应。发掘而借，顺应而造。

一、借景

借景是中国园林的传统手法，同样适用于公路景观的营造。公路路域内的景观面积和空间是有限的，为了扩大景物的深度和广度，需要有意识地把路外的景致"借"到路内视景范围中来，收到寓无限于有限之中的妙用。借景可分为：近借、远借、互借、仰借、俯借、应时借。

1.近借

可以近借的景致包括道路两侧临近的植被、形态奇特又稳固安全的岩体以及蜿蜒的河流等（图3-6）。

2.远借

行车视线范围内，路侧或前方的优美的农田、奇特山景、特色的民居等（图3-7），都可作为远借的景致。

图3-6　近借（借景路侧湖泊景色）

图3-7　远借（借景远处雪山）

3.互借

山区公路是立体的，此路段与彼路段往往可以相互观望，为彼此路域景观的一部分（图3-8）。

4.仰借

山区公路沿山谷布线时，仰视路外的峰峦、峭壁（图3-9）可作为仰借的景致。

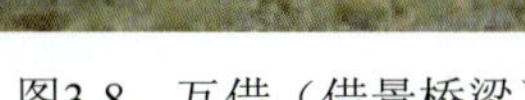
图3-8　互借（借景桥梁）

图3-9　仰借（借景峭壁）

5. 俯借

山区公路沿山脊布线时，登高远望，山下的风景都是俯借的景致（图3-10）。

6. 应时借

借一年中的某一季节或一天中某一时刻的景物，主要是借天文景观、气象景观、植物季相变化景观和即时的动态景观（图3-11）。

图3-10　俯（仰）借（立体景观）

图3-11　应时借（借景秋色）

借景不仅有景观功能，还具有安全功能，如线形与地貌协调的公路，路侧的山体地貌，通过有意识的修饰，结合植物栽植，可以成为提示道路走向的指示物。

二、借能

公路处于生态系统中，则可以利用系统中的能量，合理巧妙的运用自然界的光、风、水等元素，减少资源的使用，并且营造和谐的景观。

如互通区域开凿水池，自然降雨蓄水，可以作为互通区域内植物的灌溉用水，同时，水景也给互通景观增加了多样性，如图3-12。又如，可利用路域内的溪流或排水设施中流水的势能，在适宜的路段，构筑瀑布景观，如图3-13。

图3-12　互通内的蓄水池

图3-13　利用路域溪流营造瀑布景观

三、借场

任何区域都有其区别于其他区域的文化特征，这些特征表现为建筑风格、服饰风格、习俗等，共同构筑，又临驾其上，形成“场”——文化内涵。公路穿越这一个又一个的“场”，为其同化，而具有整体的风貌。设计中可有意强化这种风貌，在结构物的色彩、形态、细部构造上体现。如藏区的红黄二色可利用于反复出现的旅游标牌上，当地建筑特征可利用于挡墙（图3-14）和隧道洞门结构中（图3-15）。

图3-14　具有藏族建筑特点的挡墙

图3-15　具有傣族风情的隧道洞门

四、借物

尊重乡土景观是景观设计的新理念，公路景观设计可利用当地的材料和植物进行设计。如置石小品可采用当地的石材或就地取石，植物可大量采用乡土树种，尤其是草种（图3-16）。

图3-16　利用洞口千枚岩营造隧道洞口景观

五、借艺

乡土工艺也是值得公路景观借鉴的。公路的建筑物和构筑物，往往可以采用乡土工艺营造出具有地方特色的景观，如干磊石挡墙（图3-17）、干磊梯田（图3-18）、土夯墙工艺皆可适当用于景观营造中。

图3-17　干磊石挡墙

图3-18　模仿当地梯田的互通景观

可以从不同的角度对公路景观进行分类。如从质感角度，可分为软质景观（绿化景观）、硬质景观（构筑物景观）；从尺度上，可分为整体景观和细部景观。从目前的情况看，为与传统公路设计习惯一致，在论述景观营造时，按结构物分类，将公路景观分为路基景观、桥梁景观、隧道景观、互通景观、附属设施景观较为合适。

公路各结构物的景观营造，都应在景观规划确定的原则和景观控制规划的基础上开展，处理其与自然的协调问题、绿化和构筑物协调的问题，以及交通安全、生态节能的问题。

第四章 路线与景观

第一节　路线景观的主要表现形式

公路路线是由平、纵、横组成的三维空间线形，其主体线形的优劣，直接关系到车辆行驶的安全性、通畅性及舒适性，也直接影响到驾乘人员的行车体验。

路线设计的总体要求是合理利用地形，正确运用技术标准，并结合地质、水文、人文、环境、筑路材料等自然条件综合分析，做到平面顺适、纵坡均衡、横面合理，使之在视觉上能诱导视线，保持线形的连续，在心理上有安全感和舒适感，同时还应与沿线环境景观相协调。

路线景观主要表现在其比例与尺度、对比与协调、重复与韵律、对称与均衡、分隔与联系等美学规律的合理应用上。

1.比例与尺度

公路属于长的线状构筑物，路线的延伸和弯曲以及与周围环境的协调，应达到美与和谐的比例才能使人感到愉悦。

2.对比与协调

在路线设计中要遵循“整体协调、局部对比”的原则，即整体布局要协调统一，各个局部要形成一定的过渡和对比，如直线与曲线的对比，桥和隧的搭配等要和谐地统一于流畅、协调的线条之中。

3.重复与韵律

重复是产生韵律的条件，韵律是重复的艺术效果，韵律具有变化的特征，而重复则是统一的手段。路线设计中众多的曲线与直线的间隔交叉重复使用，充分体现了重复与韵律的美。

4.对称与均衡

路线设计中标准的曲线设置，即缓和曲线—圆曲线—缓和曲线，一般均对称组合而成，具有对称的美。

均衡实际上是一种对比对称，是指支点两边在形式上相异而量感上等同的布局形式，均衡变化多样，常常给人一种轻松、自由、活泼的感觉。路线平面设计非常讲究均衡，要求直线与曲线之间、曲线与曲线之间、曲线与直线之间具有量感上等同的布局，同时变化多样，对控制运行速度差也很有益处。

5.分隔与联系

分隔是因功能或景观要求将整体设计划分成若干局部来进行。联系是求得各个局部协调统一，并组成一个整体。在路线设计中利用路线将各种结构物，如桥梁、隧道、互通、停车区、服务区有机地联系起来，通过这些“珠”的景观，利用路线这个“链”，将其串联起来，形成“珠链”的景观效果。

第二节 路线布线要点与景观处理

一、不同地形条件下的布线要点

路线设计应遵循灵活性设计理念、宽容性设计理念、最优化设计理念，并坚持地形选线、地质选线、安全选线，突出生态、景观选线。

灵活性设计理念：设计指标和内容在兼顾安全性、机动性的基础上，通过合理选择指标，灵活运用指标从而达到最优的目标。

宽容性设计理念：树立安全至上的原则，路侧、防护、景观处理力求宽容，以求最大限度地降低交通事故的可能性和所造成的损失。

最优化设计理念：改变只注重公路本身设计的传统，通过多学科、多专业的融合，以及公众的广泛参与，使得路线设计在交通功能、安全、景观、环境生态等方面达到系统最优、综合最优。

1.平原区布线

平面应采用较高的技术指标，尽量避免长直线或小偏角。在避让局部障碍物时注意该段线形与前后路线指标的过渡，做到线形的均衡、连续、舒展。

2.微丘区布线

充分利用地形，处理好路线的平纵组合。不迁就微小地形，造成路线曲折，也不宜采用长大直线，造成纵面过于起伏。

3.重丘区布线

重丘区路线方案多，应综合平、纵、横三者的关系，灵活、合理地掌握标准，尽量提高线形质量。路线随地形的变化而布设，在确定路线平面线位时，应同时确定纵坡设计，并注意横向路基稳定，尽量减少弃方和借方。

平纵横三个面应综合设计，不应只顾纵坡平缓，而使路线弯曲，造成平面标准过低；或只顾平面直捷，造成纵坡起伏过大，同时造成深挖高填，工程量过大；也要避免只顾工程经济，过分迁就地形，而使平纵面过多采用极限或接近极限的指标。具体可见图4-1、图4-2。

路线线形与V形峡谷中两侧悬崖峭壁相适应，顺势而为，气势如虹，充分体现了路线与自然景观的良好结合。

图4-1　重庆渝湘高速公路洪安—酉阳段

图4-2　重庆沪渝高速公路石柱—垫江段

4.沿河线布线

处理好河岸选择、跨河换岸地点和线位高低三者之间的关系。

河岸选择：应选择在地形宽坦，有阶地可利用，支沟较少，沟长较短，水文及地层条件较好的一岸。对于积雪冰冻地区，还应选择在阳坡和迎风一岸。

换岸地点：应慎重选择跨河桥位，处理好桥位与桥头路线的关系。

线位高低：沿河线一般以低线位为主，但必须做好洪水位调查，以确保路基的稳定与安全。

5.越岭线布线

结合水文地质情况，处理好垭口选择，越岭高程和垭口或隧道两侧路线展线方案三者的关系。

垭口选择：垭口是越岭线重要的控制点，在符合路线基本走向的情况下，应综合考虑地质、气候、地形条件，选择高程较低和两侧利于展线的垭口。若以隧道穿越，应尽量避开垭口等不良地质，选择地质条件好、洞口稳定、路线与等高线尽量垂直的位置进洞。

越岭高程：越岭高程是越岭布线的重要控制因素，不同的高程会出现不同的展线方案。除工程地质不良和宽而厚的垭口外，一般采用深挖，当深挖在25～30m以上，则应与隧道方案比较。

垭口两侧展线：首先考虑自然展线，不得已时采用回头展线，回头展线应尽量利用山谷、支脉和平缓山坡，避免在同一山坡布设较多的回头曲线。

6.山脊线布线

当路线走向与分水岭方向一致，且分水岭平面不迂回曲折，各垭口间的高差也不大时，可采用山脊线。山脊线布线时要处理好垭口、侧坡以及控制垭口间平均坡度三者的关系。

垭口选择：分水岭方向顺直，起伏不大时，每个垭口均可暂定为控制点；地形复杂，起伏较大且较频繁，宜以低垭口为控制点。

侧坡的选择：当分水岭宽阔，起伏不大时，路线以在分水顶部为宜，若需设在两侧山坡，应选择坡面较缓、地质、水文情况较好的一侧。

垭口间的平均坡度：控制垭口间坡度力求距离短捷，坡度平缓。若垭口间平均坡度超过规定，则应视具体地形、地质条件，采用深挖、高架桥、隧道等通过。

二、路线设计的景观处理

1.平面设计

平面设计就是根据技术标准、美学原则，结合地形、地物，将平面的直线、圆曲线与缓和曲线三要素有机地组合在一起。

从景观的角度讲，长而缓的曲线是优美的，它能变换方向、适应地形，自然诱导视线，把前景、旁景组成有趣而多样的画面，给人以舒适感。景观中平面设计应尽可能避免出现以下几种情况：

（1）断背曲线

断背曲线易把直线两端的同向曲线误判为反向弯曲。因此两同向曲线间应设有足够长的直线，否则应设成单曲线或复曲线。根据经验和驾驶安全要求，同向曲线间的直线长度宜按6v（设计车速）控制，同样，两反曲线间也不应设短直线，可将其调整为S曲线。

（2）小偏角

小偏角常出现在长直线间，往往由于半径较大，而曲线较短，其视觉效果如似折线而有不连续之感，容易给司机造成错觉。因此，在定线时最好将偏角控制到大于10°；当不能避免小偏角时，宜将半径R控制在10 000m以上，同时敷设足够长的平曲线。

（3）凸形竖曲线顶端或长直线尽头出现急弯

凸形竖曲线视觉效果差，且极其不安全。在凸顶上设急弯，前进方向不明确，缺乏预知和诱导，影响行车安全和舒适感；长直线尽头出现急弯，减速困难，极易造成安全事故，且线形也不连续、均衡。不可避免时，必须布置前置曲线进行合理过渡。

2.纵面设计

纵面线形要素有两种：直线和二次抛物线。其线形尽可能平顺连续、无高低凸凹之感、无中断、驼峰等现象。这就要求平缓的纵坡应与尽可能大的竖曲线半径巧妙配合。根据经验和景观透视图研究成果，纵面设计应满足以下要求：

（1）纵面要尽量平缓，坡段较长，坡差尽量控制在2.0%以内；

（2）平、竖曲线半径组合合理，即竖曲线半径宜控制在平曲线半径的10～20倍之内；

（3）人眼的可视距离一般在1 000m以内，在此范围内的平面变化不宜超过2处，纵面上的起伏不宜超过3处。

（4）同向竖曲线间的直线长度一般不小于6v，同时，反向竖曲线间最好有一段不小于3s行程的直线，否则应将其调整为竖向复曲线。

（5）个别技术指标接近或达到最大值的路段，应结合前后路段各技术指标的设置情况，采用运行车速对连续上坡方向的通行能力和下坡方向的行车安全进行检验。

3.横断面设计

横断面的形式和布置对公路的景观影响十分重要。其尺寸和形式决定了通行能力、行车安全、造价、用地等关键指标。

由于地形、地物的限制，采用不等宽的天然中分带可以获得满意的线形；对向车道还可根据地形变化采用不同的平面和纵坡设计，有时将对向车道分别设在不同高度，甚至在河的两岸等。这种灵活布置能充分利用地形，减少填挖和对生态环境的破坏，使公路更能顺应地形与自然融为一体，景观效果更佳。

横断面设计应注重路侧安全和运用宽容设计理念，作好加减速车道、转弯车道、平交道口等的细节设计，清除有碍行车安全的一切障碍物，提供足够宽的无阻碍路侧安全区。具体见图4-3～图4-5。

高低错幅布置的横断面和灵活的中分带布置。

图4-3　重庆沪渝高速公路忠县—垫江段

错幅桥梁和路线沿沟两侧布置。

图4-4　重庆沪渝高速公路石柱—利川段

利用侧沟的地质条件好的山谷展线，避开滑坡等不良地质体。

图4-5　重庆沪渝高速公路石柱—利川段的环担脸高架桥

4.平纵组合设计

优美的线形不仅要满足功能上的要求，还要具有美的表现力，在线形上保持连续，使驾乘人员在心理上有足够的舒适感和安全感，并与沿线的环境景观相协调。从美学和视觉上考虑，国外研究得出了车速、平曲线半径与纵坡之间的关系，即：

$$R_{min}=\frac{0.2v^2}{i}+20$$

式中：R_{min}——最小平曲线半径（m）；

v——设计速度（km/h）；

i——设计纵坡（%）。

从景观的角度，平纵组合设计还要注意以下几点：

（1）平竖组合宜一一对应。当平、竖曲线半径较小时，应更加严格；平、竖曲线半径均较大时（平曲线半径大于4 000m时），可适当放松。

（2）长直线不宜与陡坡或与半径小且长度短的竖曲线组合。

（3）半径小的圆曲线，起讫点不宜接近或设在凸形竖曲线顶部，凹形竖曲线底部。

（4）长的平曲线内不宜包含多个短的竖曲线（一般不超过2个），短的平曲线不宜与短的竖曲线组合。

（5）长的竖曲线内不宜设置半径小的平曲线。

（6）凸形竖曲线顶部（凹形竖曲线底部），不宜与反向曲线的拐点重合。平纵组合设计实例如图4-6所示。

图4-6　云南水富—麻城高速公路

利用山岭重丘中的有利地形，布置螺旋展线，克服短距离内高差，争取后面的有利地形。

第五章
公路路基景观营造

第一节　路基景观基本特点

路基景观在公路结构物景观中所占的面积比例最大，同时也是车行方向的连续景观。路基包括边坡、中央分隔带、支挡结构物、截排水设施等。这些结构物景观的整合设计，都在路基景观营造中完成。

路基景观是整个公路景观的基底，决定了公路景观的“势”和“貌”，是营造出公路景观空间感和特征景观的最主要景观表征。公路景观的动态性，决定了路基景观应以大块面、粗线条的景观为主。

路基景观设计应充分利用周边的景观资源，协调好资源位置与车行视线的关系。同时，安全设计也是路基景观的重点，应充分利用地形地貌、原生植物和路侧绿化引导或屏蔽视线，或刺激视觉感官，达到增强行车安全的作用。

第二节　路基构筑物

路基构筑物主要包括路堤、路堑、支挡与防护结构、截排水设施（截水沟、排水沟、边沟）。其中，路堑边坡及其支挡与防护结构物、截水沟对路内外视线景观均有影响。路堤及其支挡防护结构物、排水沟主要影响路外视线景观，路侧边沟主要影响路内视线景观。

一、路基断面及其坡率与坡形

路基断面形式对公路景观空间的构成有重要影响，尤其是挖方路基段，不同的路堑边坡高度及坡率、不同的路侧净空，形成不同的空间感受，或郁闭、或半郁闭半开敞。路基填挖高度主要受路线布局控制，边坡坡率主要受岩土性质控制。从环境保护、与环境协调、边坡稳定、行车安全角度，应尽可能采用低填浅挖的路基断面。参考文献[5]综合经济、土地节约、路基与环境协调等因素考虑，推荐出路堤边坡与路堑边坡坡率见表5-1～表5-4。

从表中可见，对高度小的边坡，推荐采用缓坡率；对高边坡，采用的坡率较陡。

考虑环境协调的填方路基边坡坡率建议值

表5-1

边坡高度（m）	地带类型	
	地形平缓	地形较陡
0～3	1∶4～1∶6	1∶2～1∶4
3～6	1∶1.5～1∶4	1∶1.5～1∶1.75
＞6	1∶1.5～1∶2	1∶1.5～1∶1.75

互通立交环形匝道内部及三角区边坡坡率建议值

表5-2

高度（m）	一般值	绝对最大值
0～1.0	1∶4	1∶4
1.0～3.0	1∶4	1∶2
3.0～4.5	1∶3	1∶2
＞4.5	1∶2	1∶1.5

土质路堑边坡坡率建议值

表5-3

边坡高度（m）	地带类型	
	地形平缓	地形较陡
0～3	1∶2～1∶3	1∶1.5～1∶2
3～10	1∶1.5～1∶2	1∶1.25～1∶1.75
＞10	1∶1.25～1∶1.5	1∶1～1∶1.5

岩质路堑边坡坡率建议值

表5-4

边坡岩体类型	风化程度	边坡坡率	
		H＜15m	15m≤H＜30m
Ⅰ类	未风化、微风化	1∶0.1～1∶0.3	1∶0.1～1∶0.3
	弱风化	1∶0.1～1∶0.3	1∶0.3～1∶0.5
Ⅱ类	未风化、微风化	1∶0.1～1∶0.3	1∶0.3～1∶0.5
	弱风化	1∶0.3～1∶0.5	1∶0.5～1∶0.75
Ⅲ类	未风化、微风化	1∶0.3～1∶0.5	—
	弱风化	1∶0.5～1∶0.75	—
Ⅳ类	弱风化	1∶0.5～1∶1	—
	强风化	1∶0.75～1∶1	—

坡形应灵活自然，应尽可能与环境协调。参考文献[5]建议，对土质边坡采用流线形边坡，如图5-1所示；对岩石边坡宜采用直线形，如图5-2所示；自然开挖的边坡，可保留稳定的孤石，点缀个性，丰富路容景观，如图5-3所示。

图5-1　采用流线形的土质边坡

图5-2　采用直线形的岩石边坡

a）

b）

图5-3　保留开挖边坡自然形态，丰富路容景观

a）美国黄石公园内公路；b）穿越红石谷景点的美国12号公路

二、支挡与防护

1.基本原则

路基支挡与防护应遵循以下基本原则：

（1）以满足功能要求为前提

支挡与防护的方案选择，需要考虑到边坡岩土性质、环境气候条件、排水条件等多种因素的影响，选择合适的措施，达到其功能要求。

（2）考虑与环境和自身的协调

在满足功能要求的情况下，应从环境保护、视觉质量上考虑：支挡防护措施与路域景观的协调、支挡防护结构自身的协调。条件许可时，应优先考虑植被防护。

2.景观处理措施

目前常采用的支挡与防护工程结构有：挡墙、桩、锚、护面墙、骨架、挂网喷浆（混凝土）等。在景观上，支挡与防护工程结构应侧重考虑结构的尺度、比例、材质，其中挡墙、桩、护面墙、挂网喷浆体量或面积较大，是景观设计考虑的重点。

（1）控制尺度

应力求避免采用连续的大面积护面墙、挂网喷浆或挡墙（图5-4），宜采用矮、隐的挡墙和桩（图5-5）。

图5-4　大尺度的护面墙、挡墙和桩

图5-5　矮、隐的挡墙

（2）连续与分隔

用路者是从倾斜角度，通常还是在高速运行中看见墙体和桩体。因此，在沿路线方向，墙体和桩体的整体视觉应连续，尤其是墙顶与桩顶线应处理成连续的直线或大尺度曲线，或长条形的水平台阶线（图5-6），并尽可能与路线纵断面平行，避免参差不齐或成锯齿形的外观（图5-7）；在高度方向，当采用一个面的墙体视觉体量较大时，可将墙面进行分隔，形成退台式挡墙，既有利于墙顶绿化，也可形成更丰富的层次（图5-8）。

图5-6 视觉连续的墙顶与桩顶线

图5-7 参差不齐的墙顶线

图5-8 高度方向分隔的墙体

（3）改变墙面形式和材质

不同的墙面形式、材质和色彩使人产生不同的视觉感受。当形式、材质和色彩不理想时，可通过改变墙面外观形式（图5-9、图5-10）、贴饰面材料（图5-11）等措施予以改善。

图5-9 通过塑石丰富墙体形式

图5-10 通过细部变化改善墙面效果

图5-11　饰面改善材质效果

（4）采用新材料新结构

近年来，发展了一些新材料与新支挡防护结构，如主动防护网（图5-12）、石笼挡墙（图5-13）、预制块体护面墙（图5-14）、框架式挡墙（图5-15）等，其与环境协调度好，可多加以应用。

图5-12　主动防护网用于边坡防护

图5-13　石笼挡墙用于边坡支挡与防护

图5-14　预制的块体护面墙

图5-15　美国等采用的混凝土与钢材框架式挡墙

（5）保障外观品质

再好的设计必须以良好的施工为保障。路基支护结构本身具有力学美和结构美，当材料选择得当，施工质量良好，可彰显这种自身的美（图5-16），反之，则破坏了这种美（图5-17）。因此，强化施工质量，确保外观品质，是营造路基支挡与防护结构良好景观的基本条件。

图5-16　外观品质良好的锚固结构

图5-17　拙劣的外观品质成为视觉污染

三、截排水设施

路基的截排水设施主要有截水沟、排水沟和边沟，多处于路侧。传统截排水设施侧重于功能，多采用圬工结构，与环境协调度差，景观效果不理想。从环境协调和景观角度，路基截排水设施应以“隐”为基本原则。在景观处理上，可采取以下措施。

1.控制尺度

不符合实际截排水量的大断面截排水设施，不仅增加工程量，而且破坏环境与景观，在高速公路上这种现象较为突出，应力求避免。根据实际截排水量，合理确定截排水设施尺度，是满足功能要求，实现“隐”的重要途径。

2.选择合适的位置

截排水设施位置一方面应从功能上考虑，另一方面应从视觉上考虑，尽量设置于隐蔽位置。图5-18的截水沟位置可以调整，图5-19将截水沟置于挡墙顶部及图5-20将截水沟置于隐蔽位置的做法值得借鉴。

图5-18　可以调整位置的截水沟

图5-19　法国高速公路将截水沟置于墙顶

图5-20　美国高速公路将截水沟置于隐蔽位置

3. 选择合适的防护类型

我国排水工程的防护类型主要有圬工砌护、植被防护和土质三种。参考文献[5]给出了不同类型明沟渠的最大允许流速，见表5-5，可据此选择合适的防护类型。圬工砌护虽然防止水流冲刷的能力强，但适应变形的能力差（图5-21），且生硬。在满足功能要求的前提下，可选择植被防护、碎石防护（图5-22）、石笼防护（图5-23）。

明沟渠的最大允许流速

表5-5

明 沟 类 型	最大允许流速（m/s）	明 沟 类 型	最大允许流速（m/s）
亚砂土	0.8	干砌片石	2.0
亚黏土	1.0	浆砌片石	3.0
黏土	1.2	水泥混凝土	4.0
草皮护面	1.6～1.8		

图5-21　浆砌片石截水沟破坏

图5-22　碎石边沟

图5-23　碎石截水沟与陡坡段的石笼截水沟

4.遮蔽

当截排水设施位置、防护类型的视觉效果不理想，而又难以调整时，可利用绿化等措施予以遮蔽，改善景观质量。

第三节 路基绿化

一、路基绿化植物的选择与配置

绿化景观是有效的组织植物，对公路进行美化，改善环境。绿化景观包括植物的选择、植物的配置模式以及种植位置等多个方面。

1.植物选择

植物的选择是路基绿化的基础，只有适宜当地气候的植物才能营造出优美且有生命力的持续性景观。树种选择应满足以下要求：

（1）乡土性

树种以乡土树种为主，乡土植物对当地的气候有高度的适应性，且更能营造出与当地植被景观相适应的绿化景观。广义的乡土树种不仅是“本地区原有天然分布的树种”，也包含当地驯化多年的树种以及当地规模种植的经济树种，如川渝地区的柑橘、山东的苹果等。

（2）适地适树

适地适树是指植物特性与立地条件相互适应。如向阳坡面种植喜光植物，酸性土壤选择耐酸植物。

（3）抗性强

公路的生境较差，污染多，故应当选择抗性强、耐瘠薄的植物。

（4）易于管理

公路后期的养护管理是粗放型的，不宜选择需要精细管养的植物。

（5）多样性

为了保证路域环境绿化设计生境的稳定性，应该遵循多样性原则，合理选择乔木、灌木及地被。

2.植物配置

只有合理配置的植物，才能体现出各个单体的美感，主要应考虑三个方面：

（1）内部结构

植物配置结构应与周边的植物群落结构相协调，如周边是乔—灌—草，路基绿化在条件允许的情况下也应当采用乔—灌—草的结构；如周边以灌丛结构为主，在不考虑植物种植功能性的情况下，则尽量减少乔木的种植量，多种植灌木，与环境协调。

（2）外观搭配

综合考虑植物色彩、外形、大小、季相的搭配，营造层次丰富的植物景观。

（3）种植比例

常绿及落叶乔木，乔木和灌木的比例也对植物组团外观有相当大的影响，确定合理的种植比例，也是一种季相设计。

3. 种植位置

植物种植的位置关系和疏密决定了视觉的开合关系和绿化的体块风貌，需要遵循以下两大原则:

（1）因景设计

遵循系统原则，绿化应支持绿化整体风貌的营造，如需要透景的路段减少种植量，取消乔木，透出风景；周边有不雅景观则加密种植，屏蔽视线。

（2）因境设计

公路的绿化设计应当与周边的生态环境相协调，周边绿量较大时，公路绿化也应当加大绿量与之匹配；反之，若公路地处荒漠，周边植物稀薄，则可减少绿化，甚至不做绿化，而与周边环境相协调（图5-24）。

图5-24　通过草甸段的美国89号公路

二、路堑边坡绿化

在山区公路中，路堑边坡数量多、面积大，其绿化质量的好坏直接影响到公路景观。坡面绿化、坡顶绿化、端部绿化是值得关注的几个重要部位。

1.坡面绿化

（1）绿化措施

坡面绿化既起到防护作用，又起到改善景观作用。从防护作用讲，坡面绿化是边坡防护的一种——植被防护，因此，要求用于坡面绿化的植物根系发达、初期生长快、耐瘠薄、易于养护，能在短期内就起到防护的作用，多选择根系发达的草本植物。从改善景观作用讲，单纯的草本植物景观单调，且往往与周围的环境不协调，故更需要乔、灌、草结合，使坡面绿化达到防护与景观改善两者兼顾。

坡面绿化的防护作用对路堑边坡而言是首要的。为此，发展了直接喷播绿化、挖沟植草绿化、三维网喷播绿化、厚层有机材喷播绿化、土工格室绿化，以及与工程防护相结合的骨架植被绿化等多种绿化措施，以适应不同坡率、不同边坡岩土体条件。这些措施在工程中已得到广泛应用，其关键在于为植物生长提供必要的条件，并迅速起到防护作用。

（2）绿化形态

边坡坡面绿化的最佳形态是达到与周围环境的协调一致，边坡的开挖只是改变了地形，而未改变地貌。这就要求在植物，尤其是乔木、灌木的选择与栽植位置上，尽可能模拟周边的环境，草本植物经过若干年的演绎更替后被当地植物所代替。

如图5-25所示的边坡，采用散植自然式的灌木，使坡面绿化自然，路容丰富；如图5-26所示的边坡，通过在坡面种植乔木，延伸了坡顶原有的乔木结构形态，达到与周围环境的一致。

图5-25　散植的灌木绿化使坡面自然

图5-26　延伸坡顶乔木形态的边坡绿化

2.坡顶绿化

坡顶是坡面与周边环境的过渡地带，是衔接边坡与原有地貌的重要位置。对这个部位的绿化，可遵循以下原则：

（1）对背景植被繁茂，坡顶植被保留较好的边坡，可不进行坡顶绿化，只进行简单补偿绿化。

（2）对背景植被繁茂，但坡顶植被稀疏的边坡，加强坡顶绿化，使边坡边缘与周边环境和谐过渡。绿化不宜整齐列植，而采用自然式绿化手法，营造活泼的林缘线，削弱边坡边缘线形。

（3）对背景植被稀疏，为与周边环境协调，不宜强调坡顶绿化，可在坡顶截水沟旁不连续丛状种植灌木，起到掩映截水沟的作用。

截水沟的遮掩绿化应综合考虑周边林缘线的连续性和立地条件，宜连续丛状种植灌木，起到掩映截水沟的作用，但不宜沿沟栽植，突出截水沟的线形。对原有植被良好的情况，应保留坡顶开挖线与征地红线范围内的植物，将截水沟隐藏于原有植被中。遭到破坏的坡顶植物如图5-27所示，坡顶植物保护范围如图5-28所示。

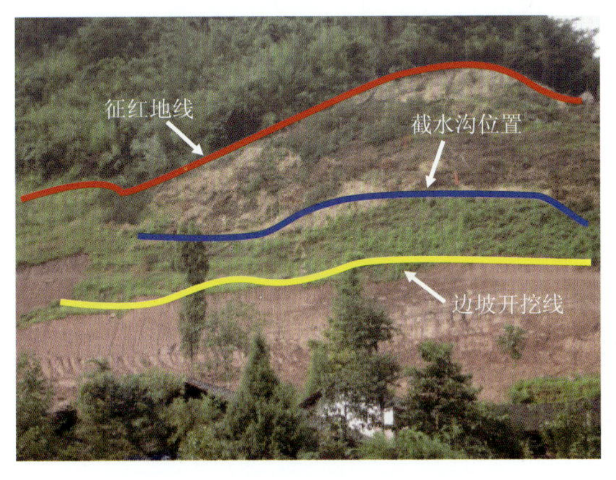

图5-27　遭到破坏的坡顶植物

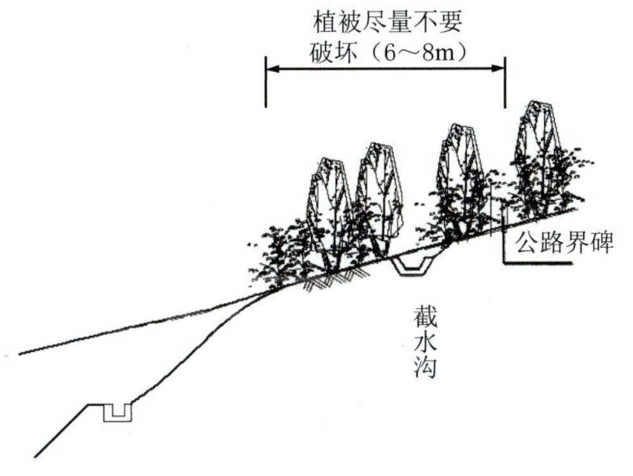

图5-28　坡顶植物保护范围

3.边坡端部绿化

在边坡端部，宜种植长势良好的垂吊植物及灌木，将边坡端部隐入灌丛中。相邻边坡交接处植被一般不完整，土壤裸露，是边坡绿化的盲点。应视立地条件，采用群落组团种植，结合边坡端部绿化设计，形成统一的绿化效果（图5-29）。

图5-29　相邻边坡交接处绿化处理

三、路侧绿化

路基绿化摒弃以往的带状绿化，取消连续的行道树。减弱人工绿化带的“边缘强化效应”。绿化以调节、屏蔽、引导等功能入手，遵循道路景观的张弛序列，既满足交通的安全性需求，又满足视觉通廊的景观性需求。

路侧随地形地貌起伏变化大，绿化营造设计应从以下几方面进行考虑。

1.栽植种类

绿化以常绿乔灌木为主，尽量少种落叶乔木，以免落叶后的大量林木产生眩目的效果。

绿化物种类不宜过多，避免不同树种、不同冠形与色彩的植物频繁交替而产生视觉的混乱。绿化观赏线应在一定距离上保持稳定、流畅。因此，绿化栽植应在整体风格下适当变化，不单调又不过多吸引驾驶员的视线，可在一定距离增加一些跳跃性的色彩，以调节驾驶员的视线，但不能过多应用色彩太艳丽的植物。

2.栽植位置（图5–30）

路侧绿化除考虑视距外，还应注意路侧安全。近路侧绿化一般以灌木丛为主，乔木应与行车道保持一定的距离，以免高大乔木的明暗眩光和太阳斜照时出现的光栅造成眩目和视力疲倦。

为避免乔木生长成型对道路空间形成的压缩感，乔木种植点与路肩的距离大于5m，灌木种植点与路肩的距离大于2m，地被可满铺种植。

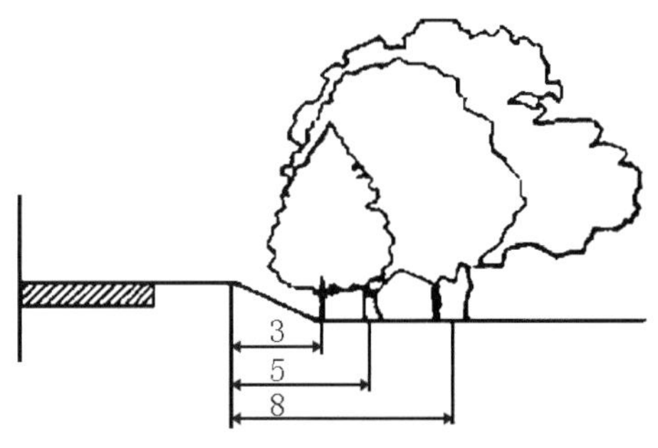

图5-30　路侧栽植离路肩尺寸示意图（尺寸单位：m）

3.栽植尺度

景观生态学中的尺度一般是指对某一研究对象或现象在空间上或时间上的量度，分别称为空间尺度和时间尺度。美学中的尺度，是一个与比例紧密相连的概念。在公路绿化中，尺度主要指一种基于动态观赏角度考虑的比例关系。在高速行驶中，驾乘人员对周围景观的观赏只能具体到大的线和面，用大视野尺寸来考虑绿化在空间上的布设。

为保证景观可辨性，视线停留时间应不小于5s，以行驶车速60km/h计算，成团或成林种植，种植单位长度应大于80m。

4.栽植手法

（1）视窗种植

路堤绿化以通透为主，削弱道路和环境的界面，驾乘人员可沿线欣赏当地的风貌。优美的风景，通过视窗种植将路外风景展现给驾乘人员，为避免视觉审美疲劳，视窗开口长度不大于1km，为保证视觉可辨性，视线停留时间不小于5s，按速度60km/h计算，视窗开口长度不小于80m。同时，为保证视线通透，路侧种植与路肩高差不宜超过1m，局部路段，为保证良好的视觉开敞感受，路侧种植可以地被为主，与路肩高差不大于0.5m。

为避免灌木生长成型对道路空间形成的压缩感，灌木种植点与路肩的距离大于2m，地被可满铺种植。

（2）模拟种植

模拟种植针对周边原生植被茂密且与道路路肩距离小于10m的路堤断面路段，路侧绿化应以模拟恢复为主，如周边为阔叶林，路侧绿化树种与之统一；周边为竹林，路侧绿化采用植物以竹类为主，周边为灌木林，路侧绿化以灌木为主。

为避免乔木生长成型对道路空间形成的压缩感，乔木种植点与路肩的距离大于5m，灌木种植点与路肩的距离大于2m，地被可满铺种植。

（3）调节种植

调节种植主要起到分割视窗或为景观平淡路段提供兴奋点的作用，每5min无视觉兴奋点应进行调节种植。为保证景观可辨性，视线停留时间不小于5s，种植不宜过于精细。

种植形式采用辨识性较强的孤植种植，或长度不小于80m的路林成群种植。

为避免乔木生长成型对道路空间形成的压缩感，乔木种植点与路肩的距离大于5m。

（4）屏蔽绿化

对于路侧景观较差的路段，如取石场、杂乱的沿线民居，可采用屏蔽绿化，绿化桩号起止点取决于屏蔽对象的大小、与驾乘人员的视觉角度以及与公路的距离。

（5）引导种植

山区公路弯道较多，在无结构物（如边坡）提示的情况下，需进行引导种植。一般采用成列规则种植，经研究，植株视觉间距为3m时，乔木树干易产生眩光频率，故植株视觉间距应避免为3m，建议采用间距为4m的品字种植，视觉间距为2m。

四、中央分隔带绿化

1.设计原则

中央分隔带绿化主要为功能性绿化，满足防眩功能，景观性较弱，考虑与周边环境的融合感。

在植物选择上，应从防眩效果和植株色彩上考虑。

（1）采用枝叶细腻、植株厚实的植物，防眩效果好。

（2）植物色彩应与周边环境协调，如周边主要为农田，植物色彩宜以浅绿或黄绿为主，周边为山岭，植物色彩宜以深绿为主。

2.设置长度

根据张弛序列，每5~10min提供给驾驶员新的视觉吸引点，降低驾驶人员的疲劳感。取10min，速度按60km/h计算，中央分隔带每10km需景观变化，可采用层次色彩丰富的植物种植作为提示段，以5s视觉停留为依据，速度按60km/h计算，提示段长度不小于80m，取100m。若中途有桥梁、隧道、互通，可不设置提示段。

3.方案设计

中央分隔带绿化的主要功能是防眩，方案设计应从遮光角、防眩高度和栽植间距三个方面考虑。中央分隔带绿化设计需要确定合适的植株间距和植株高度，提示种植应注意高低和色彩的多种搭配，给用路者在视觉上带来节奏感、变化感，减缓行车疲劳。在隧道前区、互通前区、服务区前区、避险车道等重要部位，还可考虑通过改变中央分隔带的种植方式和植物色彩，起到提示作用。

（1）植物的选用和配置模式

我国公路中央分隔带一般较窄，为3m左右，因此，应以栽植灌木为主，基调应四季常绿，可间隔种植花卉，丰富道路景观。植物的选择以常绿、耐寒、耐旱、耐修剪为原则。

（2）植株的间距和冠径

植株间距与植株的正投影半径、车型、车灯扩散角、车速，以及车辆的距离存在一定关系。参考文献[13]通过分析得到表5-6的结果，由此可见，其株距不宜大于冠幅的5倍。

在平曲线路段，车辆前照灯的光线沿着平曲线的切线方向射出，曲线内侧车辆的灯光对外侧车道车辆有较大影响。植株间距的大小受到植株的正投影半径和道路平曲线半径的影响。树冠的直径主要根据中央分隔带的宽度来定，一般控制在50～150cm，以不超出中央分隔带边缘，树冠不在路面上造成投影为宜，以免影响驾驶员的视线。

栽植间距与树冠幅的关系

表5-6

树冠直径2*r*（cm）	40	60	80	100	120
栽植间距*L*（cm）	200	300	400	500	600

（3）植株的高度

植株高度与车辆前照灯高度、驾驶员视线高度、道路状况和车型等诸因素有关。一般小车驾驶员的视线高度为100～120cm，货车驾驶员的视线高度为180～200cm，因此，植株高度不应低于120cm，以130～180cm为佳，分枝高度应在50cm以内。过高的植物会隔断公路景观的连续性，还会压缩路侧净空，造成驾驶人员的心理紧张；植株过低，起不到防眩作用。

参考文献[18]分析了水平路段不同车辆组合情况下的植物高度与驾驶员视线的几何关系，得到表5-7的结果。

不同车辆组合时植株最低高度的理论值　　表5-7

内侧车道	外 侧 车 道	植株高度（m）
小型车	小型车	1.09
大型车	大型车	1.68
小型车	大型车	1.27
大型车	小型车	1.62

在凸形竖曲线路段，应该加强植株下部空间的遮光作用，消除眩光的影响。其设置的范围至少为凸形竖曲线顶部两侧各120m。

在凹形竖曲线路段，根据类似几何关系分析，参照现行公路工程技术标准的有关规定，可得到外侧车道上为小型车，内侧车道上为大型车时，不同半径情况下植株高度增加的极限值，如表5-8。

凹曲线半径与植株高度增量的关系　　表5-8

车道数	凹曲线最小极限半径（m）	中央分隔带植物应增高度值（cm）
4	6 000	7
4	4 500	9
4	3 000	12
4	2 000	21

参考文献[18]通过对四川成南、成雅高速公路的不同凹曲线路段进行的防眩效果直接观察，得到表5-9的结果，并通过回归分析得到，在各种道路情况下，高速公路中央分隔带的防眩高度最大不宜超过192cm，最低不宜低于109cm，随着竖曲线半径

值的增加，从防眩角度考虑植株高度应降低。

防眩高度观测值（四车道高速公路）

表5-9

凹曲线最小极限半径（m）	满足防眩要求的高度值（cm）
6 000	165
4 500	168
3 000	174
2 000	186

目前对纵坡段植物需增加高度的认识较为模糊，没有一个明确的标准，多是在凹曲线路段适当提高10～20cm。

（4）栽植模式

中央分隔带绿化植物配置主要有灌木绿篱型、灌木+观赏小乔木型、灌木+花草型、乔灌草复层型等几种类型。提示段一般采用较为复杂的配置形式，与一般段落区分。

绿篱式种植是指在一定距离内持续栽种同一种常绿植物，修剪为绿篱形式，防眩功能好，简洁。（图5-31）。

将由两种或两种以上的植物按一定方式进行植物配置统称为间隔式。这种模式仍以绿色为基调（图5-32）。

图5-31　绿篱式中央分隔带

图5-32　间隔式中央分隔带

灌木＋观赏小乔木型，是间隔式典型的配置形式，它在常绿灌木的基础上选择2～3种观花（或观叶）型小乔木，3～5m间植一株。

灌木+花草型，是以常绿灌木为主调，不同花期、不同质地、不同叶色的花草及灌木为点缀。与灌木+观赏小乔木型相比，植物的色彩更为丰富，季相感更强（图5-33）。

乔灌草复层型是最复杂、丰富的中央分隔带形式，适用于中央分隔带宽度大于5m的情况，一般应用于分离式路基（图5-34）。

在以上中央分隔带种植形式中，绿篱型是最为常用也最为适用的形式，其余形式多用于提示段或特殊段落。

图5-33　灌木+小乔木型中央分隔带

图5-34　乔灌草复层型中央分隔带

绿化植物色彩不宜太艳丽，以免分散驾驶员注意力。此外，也要避免不同树种、不同冠形频繁变化而导致驾驶员视觉上的混乱。在具体的设计中，可以采用重复渐变的手法，把不同植物按一定的节奏韵律分段设置，使景观丰富又不混乱。

第六章
公路隧道景观营造

第一节　隧道景观营造的基本内容

第二节　洞口形态好感度与感知行为分析

第三节　隧道洞内外亮度对行车安全的影响及景观对策分析

第四节　隧道景观营造的基本原则与方法

第五节　隧道洞口景观营造案例分析

第一节　隧道景观营造的基本内容

隧道由洞口和洞身两部分构成，洞口包含隧道洞门、洞口段及其前后部分区间的边仰坡。根据隧道的构成，隧道景观营造主要涉及隧道洞门、洞口段与边仰坡的绿化，隧道内饰色彩等方面。

洞门形式是影响隧道景观的重要要素之一，不同的洞门形式产生不同的景观效果。按洞门是否参与受力，可将公路隧道的洞门形式分为端墙式洞门、明洞式洞门两大类。

端墙式洞门包括：翼墙式洞门、台阶式洞门、柱式洞门、拱翼式洞门，如图6-1所示。

a）　　b）

c）

d）

图6-1　端墙式洞门

a）翼墙式洞门；b）拱翼式洞门；c）台阶式洞门；d）柱式洞门

明洞式洞门包括：直削式洞门、削竹式洞门、倒削竹式洞门、喇叭口式洞门、棚洞式洞门、框架式洞门，如图6-2所示。

a）

b）

c）

d）

e）

f）

图6-2　明洞式洞门

a）直削式洞门；b）喇叭口式洞门；c）削竹式洞门；d）倒削竹式洞门

e）棚洞式洞门；f）框架式洞门

隧道洞口是交通事故的多发段，引起事故的原因也是多方面的。表6-1为2002～2004年3年的事故统计数据。由此可见，在众多交通事故影响因素中，驾驶员操作为主要因素，占47%；其次是隧道洞口亮度因素、洞口形状与路面状况因素、洞口段路线因素，分别占29%、23%和11%。驾驶员车速过快和操作不当与驾驶员驾驶习惯有关，也与对环境的判断有关。如将与驾驶员有关的部分环境因素考虑在内，隧道视觉环境因素（包括洞口段路线、亮度、洞口形状等）成为影响交通安全的主要因素，在70%以上。

隧道洞口交通事故影响因素统计

表6-1

年份	隧道洞口交通事故（起）	与隧道洞口平纵线形有关		与隧道洞口形状、路面状况有关		与隧道洞口亮度有关		与驾驶员有关				车辆制动失效		与其他因素有关	
								车速过快		操作不当					
		起	(%)	起	(%)	起	(%)	起	(%)	起	(%)	起	(%)	起	(%)
2002	38	4	11	8	21	10	29	12	32	6	16	5	13	8	21
2003	47	5	11	10	21	14	30	16	34	7	15	5	11	12	26
2004	58	7	12	15	26	16	28	19	33	7	12	6	10	15	26
平均值			11		23		29		33		14		11		24

隧道洞口环境可以通过科学的景观营造来改善，以达到有助交通安全、保护环境的目的。

第二节　洞口形态好感度与感知行为分析

一、洞口形态好感度分析

采用何种洞门形式，与隧道洞口位置和周边环境密切相关。原则上，洞门布局应依山就势，防止大挖大填，尽量减少对环境的破坏。不同形式的洞门可能产生压迫与轻松、封闭与开放、模糊与清晰等不同的感受。

参考文献[19]采用样本法，对常见的几种隧道洞门形态好感度进行分析评价。选取具有代表性的8个洞门样本，分为三组（图6-3），随机选取50名参评人员，对其好感度进行打分。

选择复杂度、柔硬度、明暗度、轻快度、开放度五个评价指标，并综合成好感度指标，根据指标数值大小，按三种水平进行评价。

水平一：评价值小于0.35，表示无好感。

水平二：评价值为0.35～0.70，表示好感方面无显著差别。

水平三：评价值大于0.70，表示有好感。

样本1：直线端墙

样本2：弧线端墙

a）

样本3：端墙凿毛

样本4：弧形端墙竖槽装饰

样本5：端墙浮雕装饰

b）

样本6：削竹式

样本7：框架式

样本8：倒喇叭式

c）

图6-3　好感度评价样本

a）第1组——端墙的形状不同；b）第2组——端墙的质感不同；c）第3组——不同形式的明洞式洞门

通过评价得出：

（1）端墙式洞门

曲线形的端墙式洞门好感度好于直线形洞门，端墙上过于花哨的饰面给人复杂、压抑的印象。

（2）明洞式洞门

明洞式洞门普遍评价较高，尤其是开阔的削竹式、喇叭式给人以开放、明亮的印象，不规则形洞口普遍缺乏好感。

二、 洞口形态感知行为分析

为了分析驾驶人员对不同洞口形态的感知行为，参考文献[19]选择11个具有代表性的现场照片或者方案（图6-4），选择有二年以上高速公路行驶经验的驾驶人员30人，通过问卷调查方式，对洞口周边绿化、洞门颜色、路侧状况、洞门形状等方面涉及的感知行为，按表6-2打分，进行统计分析。

感知行为评价尺度　　表6-2

评价点 评价尺度	5 大	4 稍大	3 都可以	2 稍大	1 大	
驾驶容易						驾驶困难
易驶入						难进入
易通视						难通视
与周围环境协调						与周围环境不协调
易发现						不易发现
开放的						压迫感强的
满意的						不满意的
感觉不需要制动						感觉需要进行制动

样本1：绿化丰富

样本2：一般绿化

样本3：绿化贫乏

a）

图　6-4

样本4：本色

样本5：红色

样本6：青绿色

b）

样本7：具有导向性的护栏

样本8：混凝土壁

c）

样本9：宽高比小

样本10：宽高比适中

样本11：宽高比大

d）

图6-4　感知评价样本

a）第1组——洞口周边绿化不同；b）第2组——洞门颜色不同；
c）第3组——路侧情况不同；d）第4组——洞口的形状比不同

通过分析得出：得分较高的是绿化丰富、设置具有导向性护栏，以及宽高比大的洞口。反之，着红色、绿化贫乏、无导向性护栏、宽高比小的洞口会增加驾驶员的不适感和不安全感。

从各方面的分析结果得出，简朴、明快的削竹式洞门综合评价最高。

第三节　隧道洞内外亮度对行车安全的影响及景观对策分析

一、洞内外亮度对行车安全的影响分析

车辆出入隧道的过程是一个光线强弱、明暗变化剧烈的过程，驾驶员需要适应由明到暗、由暗到明的过渡，形成通常所称的“黑洞效应”。

车辆进洞时，驾驶员会发生生理和心理的双重变化。生理上，洞内外光线的明暗差异会带来视力的不适应，造成驾驶操作的不稳定性；心理上，入洞时的潜在恐惧，会带来操纵的失误。两方面的作用，使驾驶人员容易发生视觉障碍及心理恐慌，危及行车安全。

目前，国内外主要采用了两个途径来解决这一问题，其一是通过加强隧道入口段的照明来减小亮度差异，改善驾驶员的视觉适应性；其二是增加交通信息提示的标志，使驾驶员较早地了解到前方路段的情况，及时做出相应的反应和调整。

国际上通用的衡量光能的单位有光通量、发光强度、照度、亮度。其中光亮度表示发光面明亮程度，为发光表面在指定方向的发光强度与发光面面积之比，其与方向和距离无关，一般把它当作隧道照明强度的衡量标准。

1.隧道的分段

长隧道一般分为五个区段，如图6-5所示。每个区段都有相应的视觉问题，其中洞口附近的前三个区段为视觉问题的重点。

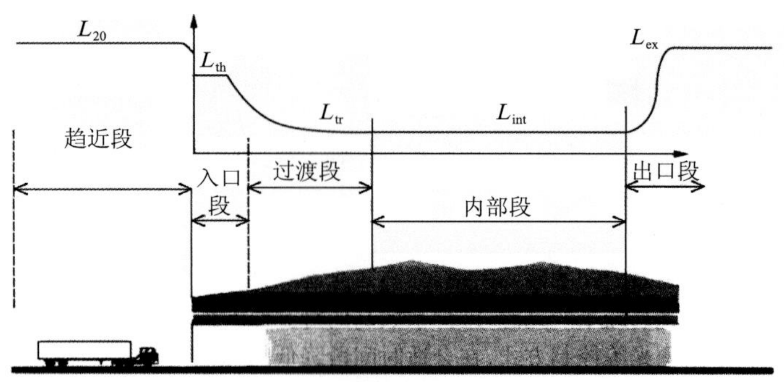

图6-5 隧道的分段

（1）趋近段

趋近段是驾驶员视觉调节的阶段，其亮度决定了隧道洞口和隧道内部的亮度要求。根据CIE88－1990的规定，设计车速是80km/h时，趋近段长度为100m；设计车速是100km/h 时，趋近段长度为160m。

（2）入口段

入口段的长度取决于隧道的设计车速，以及与设计车速相应的安全刹车距离相等。

（3）过渡段

经过照明水平相对较高的入口段，隧道内的照明可以逐步降低，这段渐降的区域就是过渡段。过渡区的长度取决于设计车速，以及入口段末端与内部段照明水平的差别。

2.隧道的照明要求和亮度值测定

（1）趋近段亮度L_{20}

隧道洞外亮度L_{20}(S)是指在距隧道洞口一个停车视距的接近段起点S处，距地面1.5m高，正对洞口方向20°圆锥视场内（图6-6），对景物实测得到的平均亮度值。

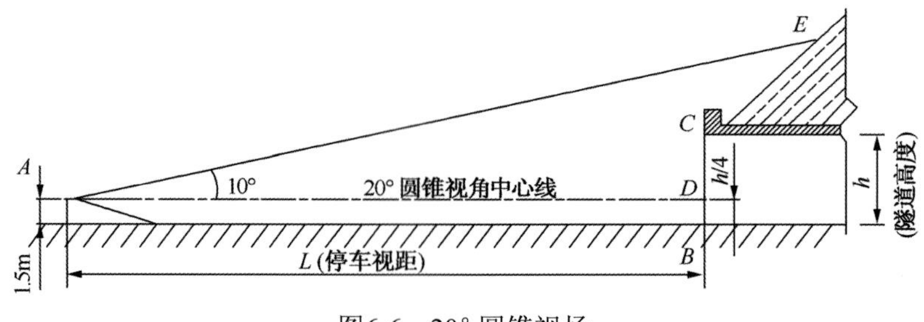

图6-6 20°圆锥视场

环境简图法是一种传统的亮度检测方法，它根据隧道洞口20° 圆锥角视场中，天空、路面及其它洞口环境的亮度，以及各自所占的比重，来综合确定隧道洞外亮度L_{20}，如图6-7，其计算公式为：

$$L_{20} = \gamma L_{sk}+\rho L_{r}+\varepsilon L_{su} \tag{6-1}$$

式中：γ、ρ 和 ε —— 分别表示各部分在20° 视野中所占的比例；

L_{sk} —— 天空的亮度（cd/m^2）；

L_r —— 路面亮度（cd/m^2）；

L_{su} —— 周围环境的亮度（cd/m^2）。

洞外亮度的实测应在夏季6、7、8月中的某个时间段，选择晴天无云时连续进行3d，每日从上午11点至下午3点，按时距1h对各实测对象测读。

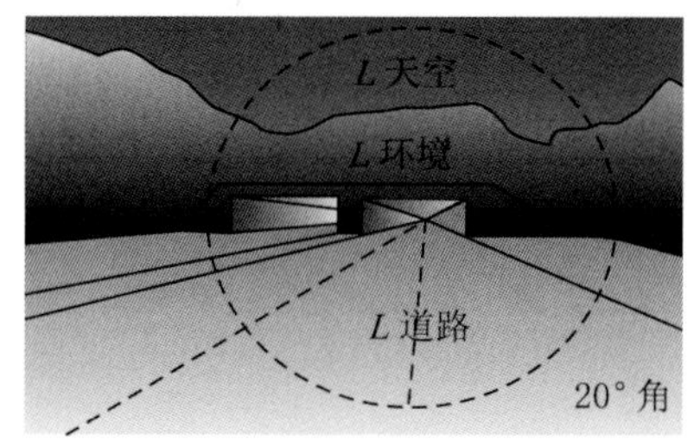

图6-7　20° 圆锥视场中的要素

（2）入口段亮度L_{th}

为使驾驶员维持良好的视觉状态，在入口段的始端需要相对较高的亮度。此时，$L_{th}=k \cdot L_{20}$，k的取值范围一般为0.04～0.1。从入口段的中间开始，照明水平可以线性渐降至末端约为$0.4L_{th}$。

（3）过渡段亮度

驾驶员进入长隧道后需要一定的时间将眼睛调节到能适应内部段较低亮度水平。过渡段亮度为进入后的时间函数，其亮度分布公式为：

$$L_{th} = L_{th}（1.9+t）^{-1.4} \tag{6-2}$$

式中：L_{tr}—— 为过渡段亮度（cd/m^2）；

t—— 为行驶的时间（s）。

国际照明协会CIE规定的隧道中亮度的降低曲线如图6-8所示。由此可见，隧道内各段亮度除与设计车速有关外，更重要的是入口段亮度、过渡段亮度直接由洞外亮度L_{20}决定。如果入口段和过渡段的亮度过高，则会对隧道营运照明造成不必要的浪费；如果入口段和过渡段的亮度取值过低，路面和隧道侧壁下部的亮度不够，路面上亮度分布不均匀，则会直接影响进洞车辆驾驶人员的安全和舒适。

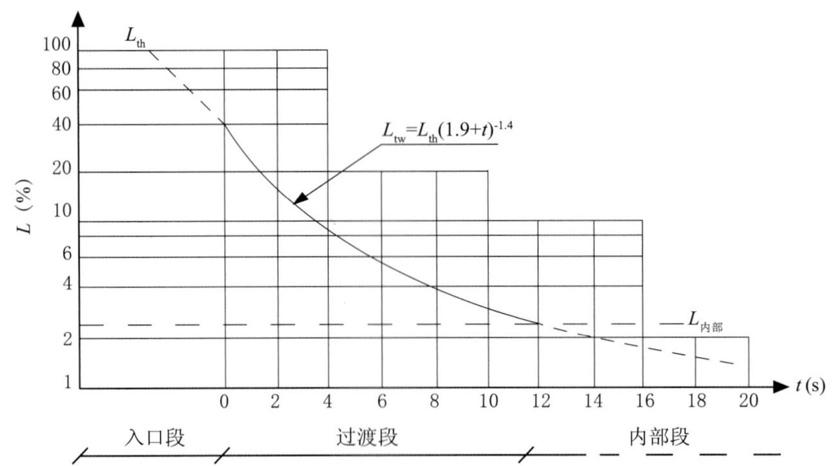

图6-8　隧道中亮度的降低曲线

3.实测隧道洞口亮度分析

重庆交通科研设计院对福建省高速公路的19处隧道洞门的L_{20}值进行了实测。测量时既应用了较为传统的“环境简图法”，也采用了先进的软件分析方法。以下是几个有代表性的隧道洞门实测结果。

（1）蔡家山隧道（三亚—福州方向入口）

洞外100m的20°视场内无天空，格子梁植草、白色洞门檐、沥青路面、门架式标志部分在20°视场内。隧道洞口亮度测试数据结果见表6-3，亮度分析如图6-9所示。

蔡家山隧道的亮度测试数据（测试时间：8月9日13 :10）

表6-3

项　　目	平 均 亮 度（cd/m^2）	圆锥视场百分比（%）
洞顶草木	1 359	14.80
洞口两侧岩石	2 712	10.30
洞顶混凝土护坡	1 166	19.0

续 表

项　目	平 均 亮 度（cd/m^2）	圆锥视场百分比（%）
洞门正前路面	4 086	43.20
洞口边框	14 303	1.30
标志牌	803	7.4
L_{20}（cd/m^2）	2 712	

a）

b）

图6-9　蔡家山隧道亮度分析

a）亮度计测量区域；b）亮度计测量区域划分

（2）飞鸾岭隧道（福州—福鼎方向入口）

洞口朝南，洞口外100m的20°视场内无天空，端墙面为水泥色，仰坡上设有红、蓝两色的大型广告，水泥路面为主，其石墙最大亮度超过5 000cd/m^2，洞口亮度测试结果见表6-4，亮度分析如图6-10所示。

飞鸾岭隧道的亮度测试数据（测试时间：8月10日14：30）　表6-4

项　目	平 均 亮 度（cd/m^2）	圆锥视场百分比（%）
草 木	1 916	7.9
洞口右侧岩石	6 104	6.9
广告牌	3 454	11.0
洞门正前路面	4 577	45.5
端 墙	4 533	22.8
L_{20}（cd/m^2）	4 068	

a) b)

图6-10 飞鸾岭隧道亮度分析

a）亮度计测量区域；b）亮度计测量区域划分

同样是端墙式洞门，红山I号隧道（福州—马尾方向）所选材质不同，亮度差异也很大，浅色端墙的最大亮度超过了5 000 cd/m^2（图6-11）。

亮度计测量区域

图6-11 红山I号隧道亮度分析

（3）雷打石隧道（泉州—福州方向入口）

洞口朝南，洞口外100m的20°视场内无天空，洞口正墙面和行车方向右侧面为大理石材，黑白二色花案图形，具有明显的镜面特性，洞顶为格子梁植草，路面为沥青路面。隧道洞口亮度测试结果见表6-5，亮度分析如图6-12所示。

由于大理石类材质墙面形成的大面积镜面效应，在日照较强时，引起了L_{20}异常增大，形成强的眩光，对驾驶安全形成了不容忽视的威胁。

雷打石隧道的亮度测试数据（测试时间：8月8日12:40）　　表6-5

项　　目	平均亮度（cd/m^2）	圆锥视场百分比（%）
洞顶草木	2 651	1.70
洞口两侧岩石	7 363	2.73
洞顶混凝土护坡	2 953	9.78
洞门正前路面	4 827	44.20
端墙	1 0373	34.80
L_{20}（cd/m^2）	6 278	

a）

b）

图6-12　雷打石隧道亮度分析

a）亮度计测量区域；b）亮度计测量区域划分

在实测中发现，对同一洞口，草木的亮度约为洞口周围岩石、混凝土护坡及道路亮度的1/3～1/2；正午12:00测得沥青路面平均亮度为2 558cd/m^2，为紧连的混凝土路面亮度的39%。

通过对多条路段50余处洞口的调研，得到不同环境构成要素的亮度值见表6-6。

不同环境要素亮度值

表6-6

环境要素	亮度（cd/m²）	图 例	环境要素	亮度（cd/m²）	图 例
深色绿化	600		浅色端墙	3 800	
浅色绿化	1 400		深色端墙	1 000	
浅色护坡	1 200		沥青路面	3 200	
深色护坡	800		深色岩石	1 500	
			浅色岩石	2 500	

二、基于亮度的隧道洞口景观对策

对大多数隧道类型，可以采用各种措施来降低趋近段的亮度。例如，使用粗糙的深色材料来处理隧道洞口墙面，20°视场范围内可绿化的地方尽量绿化，并选择深色的植物等。

《公路隧道通风照明设计规范》（JTJ 026.1—1999）建议，洞口接近段可采取以下洞外减光措施：

（1）从接近段起点起，在路基两侧种植深色常青树；

（2）采用削竹式洞门形式；

（3）大幅坡面采用深色植物进行绿化；

（4）洞口采用端墙形式时，墙面宜采用冷色调，其反射率应小于0.17。

1992年丹麦金硕公司专家访华时介绍了挪威对隧道接近段减光措施的如下研究成果：

（1）植树和灌木可降低洞口亮度值5％～7％；

（2）洞门外表做成深暗颜色，可降低亮度5％～7％；

（3）洞门外至少一个停车视距长的路面采用暗色，可降低亮度12％～27％。

第四节　隧道景观营造的基本原则与方法

一、隧道洞口景观营造要素

安全上，隧道洞口是公路安全事故的高发点；生态上，容易造成环境创面；但作为与行车视线垂直的景观，又是公路景观的重点和亮点。宜人的隧道景观营造应考虑以下要素。

1.地质结构

地质结构是确定洞门形式及洞口周边仰坡、边坡处理措施的主要因素。只要充分了解掌握洞口段的地质结构，才能选择出合适的洞门形式和洞口周边仰坡、边坡的合理处理措施。在进行洞口景观营造时，景观工程师应充分听取隧道土建工程师的建议。

2.结构安全与交通安全

洞口结构安全是景观营造的基点，保障交通安全是洞口景观营造的前提。因此，无论是隧道洞门的形式、色彩、材质，还是洞口段的绿化等景观营造活动，都应以这两方面的安全为基本出发点。

3.场地条件

洞口段可能处于不同的地形、地貌等场地条件中，或开阔、或郁闭、或地形复杂与简单、或植被茂密、或植被贫乏。景观营造应结合具体的场地条件，采取针对性的措施，才能营造出与场地条件协调的宜人景观。

4.生态环境

良好的生态环境不仅有利于构筑好的景观，而且有利于交通安全。洞口段的生态环境重在保护，其次才是营造。洞门的选形、洞口的开挖工法、洞口前区段的场地处理，都应充分注重保护原有生态环境，尽量减少对环境的破坏。

5.人文环境

隧道地处区域的人文环境也是隧道景观营造需要考虑的要素之一。应考虑是否有文化展现的条件和需要，并通过适当的表现手法，巧妙的运用地域文化元素，把当地的人文气韵融合到隧道洞口景观中。

二、隧道洞口景观营造遵循的基本原则

隧道洞口所涉及的范围包括洞口趋近段、洞门、入口段的边仰坡等。隧道洞口景观营造，除了遵循形式美的基本原则外，还必须考虑安全，环境及其损伤的恢复，与周边环境的协调，以及与路段整体风格的协调，应遵循以下原则：

1.安全性原则

应将洞口的结构安全与交通安全放在首位，不能因为景观而影响了隧道的主要交通功能。在洞门形式的选择上，应结合地质条件，确定出合适的洞门；在交通安全上，应重视隧道内外饰面的行式、材质、色彩，绿化的形式，同时，也可进行警示提示设计，如变化的隧道前区中分带种植形式以及改变路面色彩等。

基于安全考虑，设计车速较高的公路隧道洞门饰面不宜过于丰富而吸引视线，应将视线重心引至隧道洞门内，确保行车安全。

2.整体协调性原则

周边环境与隧道构筑物共同组成了隧道洞口景观，应将趋近段、洞门、入口段

的边仰坡，两洞间的关系（高速公路隧道）等作为整体统筹考虑，在洞门饰面材质、色调，植物选择、配置模式上，以及相邻洞门的形式上都应与周边地形、地貌、生态特征以及其他自然和人文景观协调，构筑和谐统一的景观画面，使公路融入当地环境中。

3.保护生态环境原则

在满足洞口稳定的前提下、切实保护原有生态环境，减少并有效恢复工程创面。在洞门形式上，尽量选择对环境破坏小的明洞式洞门；在洞口开挖工艺上，多采用先进的前置式工法；对洞口趋近段的原有植被应切实保护；对工程形成的创面及被破坏的植被，应采取有效措施加以恢复。

4.舒适性原则

隧道出入口的明暗光线对比强烈，极易引起视觉的不适应。应通过隧道洞口的景观营造，达到缓解驾驶员心理紧张情绪的目的。如对大面积的端墙式洞门或洞门仰坡边坡，可采取绿化、分隔、饰面等措施，减少洞门带来的视觉压抑感。

三、隧道景观营造方法

在总体营造方法上，可采用化整为零、化直为曲、化硬为软的手法。

化整为零。如对高差较大的台地，化整为零，分成多阶挡墙，中间设平台绿化，通过绿化手段软化端墙面的硬质效果。

化直为曲。曲线给人以舒美的感觉，在一些特殊场合，可根据地势走向，将端墙设计为曲线或折线。

化硬为软。如混凝土或石质砌体在视觉上给人生硬、压抑之感。在立面上进行绿化处理，采用不同材质对比等手法，改善原有景观效果。

1.端墙式洞门

（1）尺度

端墙应力求简洁、美观，尽量减小端墙体量，避免出现压抑的高大端墙。从造型上可通过对端墙进行分割（图6-13）、材质对比、色彩弱化、仿自然石饰面等措施，减小端墙的视觉尺度（图6-14）。

图6-13　通过塑石对端墙进行分割

图6-14　通过改变材料减小端墙视觉尺度

（2）肌理

肌理是材料的表面属性，它的变化主要体现在粗细、坚柔及纹理之间。多数端墙因采用混凝土墙面，面积比较大，亮度高，对驾驶人员心理有威逼感，可通过表明肌理的改变来减少亮度和视觉面积。一方面可以利用材料本身特点来谋求肌理变化（图6-15），另一方面也可用人工的方法来“创造”某种特殊的肌理效果。普通凿毛是最简单的处理措施，但单调；壁画装饰给人复杂的印象；横槽和竖槽的处理简洁大方，比较适宜（图6-16、图6-17）。

图6-15　通过材质变化改变肌理及减少视觉尺度

图6-16　韩国隧道的横槽处理

图6-17　欧洲隧道的横槽处理

（3）色彩

端墙洞门最常用的色彩是材料的本色，如混凝土的青灰色、毛石的自然色泽、砖的色彩等。一般说来，色彩的使用宜单纯，宜控制在两种以内，不应采用纯度高的明亮色，避免视觉上的突兀感。在局部，如突出部的环框可采用强调色，利用色彩突出洞口的宽大感，引导车辆的进入，提高交通的安全性。

2.明洞式洞门

明洞式洞门虽然简单，但也可营造成不同的型式（图6-18），应结合场地条件加以选择。削竹式洞口简洁大方，喇叭型洞门接纳感强，翻沿式洞门活泼且具有一定的防碎落功能。

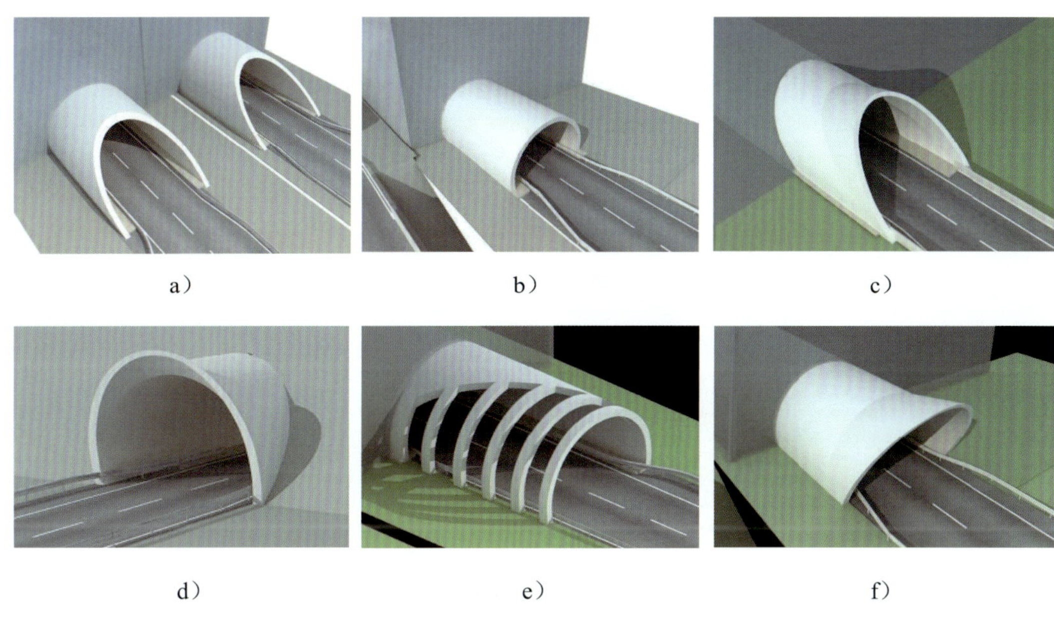

a） b） c）

d） e） f）

图6-18 不同的明洞式洞门

a）削竹式洞门；b）直切式洞门；c）小喇叭洞门；
d）直切翻沿洞门；e）棚洞洞门；f）倒喇叭洞门

3.隧道洞口绿化

洞口环境绿化包括洞顶绿化、趋近段的洞间山体或场地绿化、隧道边仰坡绿化等。除保护和改善生态环境外，通过绿化还可以起到如下作用。

（1）协调洞门周边及工程结构物景观

景观绿化能使本来生硬、单调的洞门变得丰富多彩，创造出优美和谐的景观；能使洞门周围裸露的边坡重新披上绿装，降低隧道开挖带来的负面影响，使洞门在满足基本功能的同时，达到既与周边环境有机融合，又成为景观亮点。

（2）减少交通隐患

车辆出入隧道会产生明显的明暗差异，隧道洞口低亮度的景观绿化可以缓和洞门内外的明暗差异，缓和车辆高速进入隧道给司乘人员带来的心理紧张感，保障行车安全。对洞口前区趋近段进行标志绿化，还可起到提示路况变化，引导视线的作用。

（3）利于边仰坡稳定

隧道洞口边仰坡绿化，可利用植物根系起到降低坡体孔隙水压力，减少地表径流，降低和防止雨水冲刷，提高隧道洞门边仰坡稳定性的作用。

（4）防止和减少洞间的尾气回流

对高速公路的小间距隧道和连拱隧道，洞间距离较小，尾气回流现象突出。可通过在洞间密植植物，或结合一定的洞前处理，起到隔离、防止和减少洞间尾气回流的作用（图6-19）。

图6-19　减少尾气回流的洞间工程处理措施

对隧道口边坡及仰坡的绿化、趋近段洞间与前区的绿化可分别采取以下措施。

（1）隧道口边坡及仰坡的绿化

作为典型的“面”的元素，隧道口边坡及仰坡的主要绿化手法是“破”，将大化小，减低“面”的单调、呆板及压迫感。

对洞门端墙及洞口两侧的混凝土面或浆砌片石墙面，面积较大且坡度往往很陡，直接在上面进行绿化难度很大，并且从强调引导视觉上的角度来看，也不宜用绿色植物将其全部覆盖，可栽植攀缘性和垂吊性植物，对端墙进行垂直绿化。

对明洞式洞门，可供绿化的面积比较大，多采用植草绿化和灌木绿化。植物的选择应下深上浅，减少洞门内外亮度差，缓和黑洞效应。同时也提升了整个绿化的层次感。隧道边仰坡，可根据不同的地形，采用合适的绿化方法。如在边、仰坡平台或坡面上栽种灌木，在坡脚处栽种乔木。

（2）洞间及前区绿化

洞间山体的处理是洞门景观的重要部分。可根据不同的情况，采用如图6-20所示的措施合理回填洞间山体，使之与其后山势协调，并与前区统一设计，自然种植植物群落，使洞门更加生态自然，同时也可阻挡两洞间尾气回流。

良好的绿化可以把隧道与周围的环境融为一体，给驾乘人员以美的享受。针对高速公路的具体自然环境，可以在洞前区域绿化设计中加入一些区域特有的物种造型，以给予区域标识，如图6-21所示。植物配置模仿自然群落，与洞口建筑、边坡绿化、山石融为一体，体现出清新的自然美，如图6-22所示。

为减缓隧道洞口光线变化和尾气回流，植物栽植应注重明暗过渡。靠近出入口处可采用高大乔木进行绿化，并减少树木的栽种间距，逐渐向外扩大间距，直到与路段正常株距相同，以使亮度逐渐过渡变化，提高驾乘人员的视觉适应性，如图6-23所示。

隧道洞口绿化方法详见表6-7。

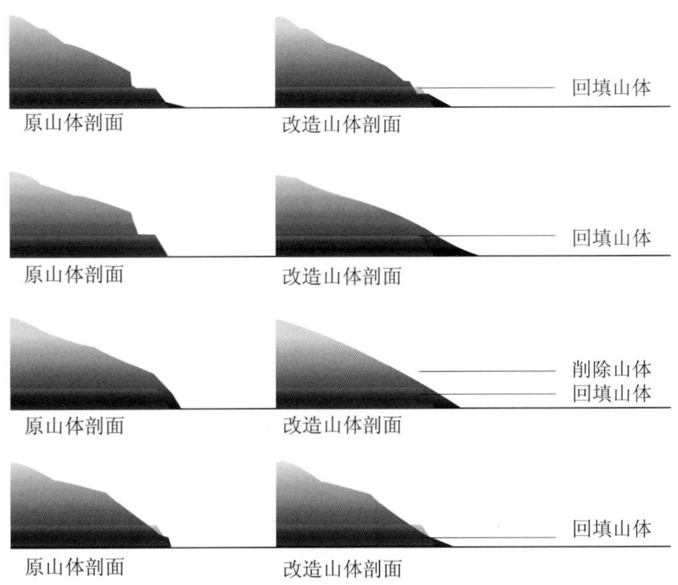

图6-20　洞间山体处理措施

图6-21　隧道趋近段的标志栽植

图6-22　自然植物群落种植的洞口绿化

图6-23　洞间明暗过渡栽植

隧道洞口绿化方法

表6-7

类　型	洞口绿化方法
削竹洞门	力求恢复生态，与周边环境融合，减少构筑物生硬感
端墙洞门	与端墙景观配合，或烘托，或掩映，或开敞，形成统一和谐美观的景致
周边植被茂密	适当加大种植量，与周边植被良好过渡，使隧道仰坡、坡顶自然生态
周边植被瘠薄	减少种植量，适当栽植灌木，与环境协调
小间距隧道	前区种植以烘托洞门景观为主，简洁为宜
大间距隧道	前区种植采用自然式，若洞间有山体地形应予以保留或延伸，使其自然
错开式隧道	注重洞间边坡处理，有种植条件应予以绿化

4.隧道内饰色彩

有色的洞顶与浅色洞边色相搭配，使隧道内部空间在视觉上达到扩张的效果，色彩的协调搭配有利于减轻进出隧道时对人视觉上产生的明暗效应，尽量采用协调统一的隧道内部装饰，采用简洁明快的色彩提高洞内照度，节约能源。针对不同长度可采用不同的材质进行内装饰，使其更加利于维护。

色彩选择偏重功能性，搭配方式考虑其地域习惯，侧墙应采用明度较高色彩，浅色为主，给驾驶员明确提示，使其行车更加轻松。

对短隧道，洞内色彩宜简洁明快；对中长隧道，可以采用色彩渐变的块面对隧道洞侧进行装饰，增加导向功能，提高驾驶员的注意力（图6-24）；对长隧道，可每间隔1000m左右于洞侧装饰一组花纹图案，形成兴奋点，减少驾驶员视觉疲劳（图6-25）。

图6-24 色彩渐变的块面内饰

图6-25 间隔的图案内饰

第五节 隧道洞口景观营造案例分析

案例一：重庆渝湘高速公路老虎山隧道长沙端

隧道洞口位于渝湘高速公路洪西段K20+678处，地处山间沟谷，周边植被茂密，可见岩石裸露，洞顶右侧常年有水源流经。原隧道洞门为端墙式，为保留洞顶村道，洞门左侧设有直立式桩板墙，洞口右侧为满足排水设有6m宽的矩形排水沟。该洞口构筑物多，与周边环境协调性较差，如图6-26所示。

景观方案充分利用环境条件，结合地形、山势，对端墙采取仿石造型，在满足水流量的前提下，对右侧水沟进行改造，形成跌水瀑布景观；洞口绿化以恢复为主，同时注重对山石、水景的掩映，使整个洞口景观更加自然。“山石、瀑布”的营造使隧道洞口与环境自然过渡，较好地融入了环境，如图6-27所示。

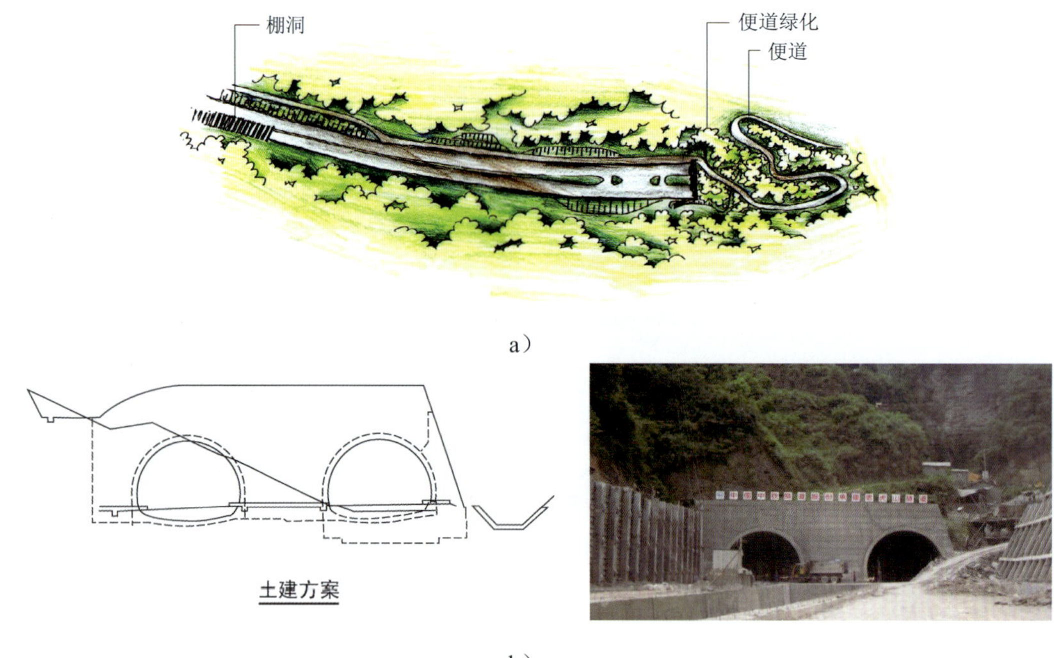

b）

图6-26　老虎山隧道长沙端洞门原土建效果

a）平面位置图；b）土建方案与实施结果

图6-27　老虎山隧道长沙端洞门景观方案

实施后的效果如图6-28所示。端墙塑石表面粗糙的机理与暗沉的色泽对洞口起到了有效的减光作用，右侧水沟的改造，使天然水景与公路构筑物得到较好地衔接，洞口植被得到恢复。与景观方案相比，不足之处在于端墙塑石造型稍显呆板，尚未突出石景的主次。

图6-28　老虎山隧道长沙端洞门景观实施效果

案例二：重庆渝湘高速公路秀山隧道长沙端

隧道洞口位于渝湘高速公路洪西段K35+137处，为削竹式洞门，洞口周围植被茂密，洞顶可见竹林、民舍。由于洞顶常年水流量较大，原土建设计在洞口右侧设置宽6m的矩形排水沟，巨大的排水沟与环境极不协调，如图6-29所示。

景观方案将洞口功能与场地条件结合，在保证满足水流量的前提下，利用现有资源，将右侧排水沟的部分水流引入洞间，做成“叠石流水”景观，并在洞顶设沉沙池。在绿化处理上，洞间种植乔灌木映衬水沟，洞顶平台栽植乡土乔木，与原有环境形成自然过渡，如图6-30所示。实施过程中的效果如图6-31所示。“叠石流水”景观的采用既解决了排水问题，又使隧道洞口生动活泼，达到了自然、生态的效果。

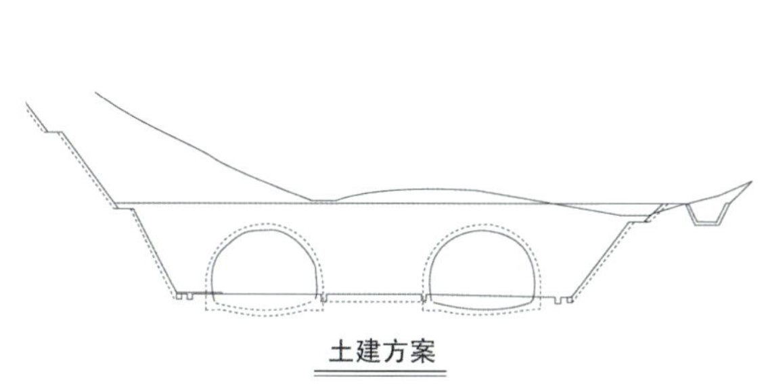

图6-29　秀山隧道长沙端洞门原土建效果

图6-30　秀山隧道长沙端洞口景观方案

图6-31　秀山隧道长沙端洞口实施过程中效果

案例三：重庆渝湘高速公路柿子坪隧道重庆端

隧道洞口位于渝湘高速公路彭武段K38+550处，原设计为一字形端墙，体量较大，且左右洞有高差，整个端墙极其不对称，在环境中显得突兀，如图6-32所示。

图6-32 柿子坪隧道重庆端洞门原土建效果

景观方案利用端墙的高差，模仿自然石的错落、层叠，形成层次丰富的塑石端墙。塑石造型有效起到了分割端墙体量的作用，如图6-33所示。

图6-33 柿子坪隧道重庆端洞口实施后效果

案例四：陕西小康高速公路档亚子隧道北口

隧道洞口开挖后破坏较小，洞周岩体较为完整，原生地形形成非常自然的山体景观。景观方案将原明洞接长，防止落石，以点缀绿化烘托自然岩体景观，体现原生态自然山体肌理。

施工期间效果图如图6-34所示，景观方案图如图6-35所示，实施效果图如图6-36所示。

图6-34　档亚子隧道北口施工期间效果

图6-35　档亚子隧道北口景观方案

图6-36　档亚子隧道北口实施效果

案例五：陕西小康高速公路包家山隧道南口

洞口为削竹式洞门，前区开敞，视野开阔，洞顶植被瘠薄，草甸为主。施工现场如图6-37所示。

图6-37　包家山隧道南口施工现场照

景观设计突出了该洞口的自然生态景观，对洞间及洞顶回填土绿化，缓接前区，营造了郁郁葱葱的生态环境（图6-38）。洞顶种植竹类植物，与洞顶环境协调；前区置石后方种植叶色较深的灌木，烘托石景；洞侧种植竹类植物。洞铭牌采用自然石，使洞口景观层次更为丰富，营造雄伟壮观的景观氛围。其实施效果如图6-39所示。

图6-38　包家山隧道南口景观方案

图6-39　包家山隧道南口实施效果

案例六：陕西小康高速公路谭坝四号隧道北口

隧道洞口开挖施工控制较好，破坏较少，前区开敞，周边植被茂密，视野宽阔，整个场地壮观大气（图6-40）。

景观设计（图6-41）采用简洁的削竹式洞口，最大限度的减少人工痕迹，洞间回填土采用自然丛植绿化，营造自然生态的景观环境。周边植被繁茂，洞门相错，绿化重点为洞间边坡，采用回填缓接前区，种植竹类植物，前区自然种植，并栽植色叶植物，营造丰富的植物季相色彩变化。实施效果如图6-42所示。

图6-40　谭坝四号隧道北口施工开挖后情况

图6-41　谭坝四号隧道北口景观方案

图6-42　谭坝四号隧道北口实施效果

第七章
公路互通立交景观营造

第一节　互通立交的景观类型及其营造遵循的基本原则

一、互通立交的景观类型

按不同的划分原则，可将公路互通立交分为不同的景观类型。如按所在位置，可分为城郊型、非城郊型；按场地特征，可分为山地性、平原型；按环境特征，可分为田园型、旱地型、湿地型等等。就公路立交而言，常见的景观类型有以下几类。

1.城郊型

坡效型互通立交一般距城区较近，位于较为重要的交通位置，一般为枢纽互通。这类互通设计风格以简约为主，可进行少量城市化景观设计，如模纹绿化等，也可设置雕塑，体现当地文化。

2.山岭型

山岭型互通立交一般位于丘陵地带或山岭地区，互通区域内地形较复杂，往往高差较大，周边植物相对较好，应注重微地形设计，绿化种植应以恢复为主，与周边植被协调，同时应注重互通围合区域内原生植物的保护。

3.田园型

田园型互通立交地势较为平坦，周边农耕发达，一派田园景象。若互通匝道以桥梁为主，有条件复耕，可简洁处理构筑物可视面，其余区域以真实田园景观作为互通景观；若互通无条件复耕，互通景观应通透平坦，局部区域可栽植植物组群，丰富景观层次。

4.湿地型

湿地型互通立交互通围合区域内有与外界联通的水系，互通景观以湿地景观为主，植物也以水生、湿生植物为主。

互通景观类型往往是复合型的，同时具备两个甚至更多的特点，如湿地型互通往往也具备山岭型互通的地形特点，城郊型互通同时也可能是田园型互通。设计时应当具体问题具体分析，综合设计。

二、互通立交景观营造遵循的基本原则

互通立交作为高速公路交通转换的枢纽，是公路上重要的节点。互通面积较大，景观用地相对集中，环境作用力强，景观风貌和空间感受环境影响大；其线形布置以曲线为主，行车视线和视角变化大，车速减慢，视点变化也相对较慢。在互通景观营造中，应遵循以下基本原则。

1.与周边环境协调的原则

与周边环境的协调主要体现在微地形的改造和绿化两个方面。

互通区内的地形地貌应尽量保持原有风貌，特别是原有水系、植被、湿地等应力加保留。但对局部地段，如匝道三角区，可进行微地形改造，以改善行车视线，减少防护工程量。

绿化是互通景观营造的重要内容，其绿化配置应与周边环境协调（图7-1），如地处山岭的互通，应以植被恢复为主；地处乡县的互通可适当采用整形绿化，或采用配置雕塑等景观表现手法；周边植被茂密的互通，绿量宜大；周边较为荒芜的互通，可少量种植功能性植物而与环境协调。

a)　　b)　　c)

图7-1　与周边环境协调的互通

a）周边植被茂密的互通绿量宜偏大；b）周边植被较稀疏的互通绿量宜偏少；
c）地处城市近郊的互通可侧重造景

2.动态视线设计原则

互通匝道上的行车视线随车行方向不停转变，车速较一般段落慢，互通景观的可视面大，驾乘人员视线停留时间相对较长。景观营造可以较一般路段精致，同时，应根据行车视线确定景观的朝向和看面。

3.安全设计原则

互通匝道多，多向车流聚散于此，安全设计尤为重要。在景观营造上，可利用植物、小品雕塑等营造提示景观，利用植物的合理配置营造分流景观，提高互通的识别性，保障交通安全。

4.适宜的文化景观表现原则

互通面积往往较大，且一般位于枢纽地段，是公路文化景观表现的主要平台。可以通过大地艺术和小品雕塑等方式进行文化表现（图7-2）。

图7-2　以海渔文化为主的立交雕塑景观

第二节　互通立交场景营造

可通过微地形的改造、雕塑小品设置、水景设置等措施来营造互通立交的场景。

一、微地形设计

目前，互通场地的处理一般为工程平整和现状保留两种情况。“工程平整”忽略互通的地形走势，一概平整，景观十分平淡；“保留现状”则对土建开挖后的互通地形不做任何处理，常常视觉较差。

适宜的微地形改造（图7-3），不仅可以平顺场地，使其小区域内的地形更加自然，而且还可起到平衡土石方的作用。互通区域内的微地形改造设计应注意保护原生植物、水系、湿地（图7-4），注重与周围山水骨架的协调性、连贯性。在地形上，应顺势而为，不求平整，但求顺畅；在水系上，应强调与原有水系的联通。

图7-3　互通微地形营造

图7-4　互通微地形（湿地）营造

二、雕塑小品

对适宜且需要文化表现的互通，可设置雕塑小品，传达文化氛围（图7-5）。雕塑小品除了具备文化景观功能，设置在适宜的位置，还可以起到提示及警示作用。雕塑设置应当注重与绿化的配合。

大地雕塑也属于雕塑的范畴，如川渝地区的千垒梯田则可借鉴到公路景观中，在互通区域内再现其景致（图7-6）。

图7-5　互通内置石景观

图7-6　千垒梯田大地景观

三、水景设计

互通的水景设计也属于微地形设计中的一类，但由于具有蓄水功能而单列（图7-7）。

水景丰富了公路景观的类别，以及互通景观的立体层次，湿地景观一般因地制宜，应满足地势低洼，有水源或水源补给等条件，结合具体条件设置水景。

水景景观营造应尊重原有的山水骨架，低处凿水，并让其参与到自然的水循环中，对互通区域内的山水骨架进行整体的优化整理。

图7-7　互通水景示例

第三节　互通立交绿化景观营造

一、风貌种植

互通匝道围合区中心是互通绿化的主体，该区域的种植往往体现了互通的风貌。应遵循风貌段落规划，同时结合互通周边环境进行设计。

山岭型互通（图7-8）宜进行微地形改造，采用群落状或片状种植，以乔木形成骨干，搭配灌木，并注意林缘线的处理。其典型断面如图7-9所示，绿化效果如图7-10所示。

图7-8　山岭型互通风貌示例

图7-9　山岭型互通典型断面

图7-10　山岭型互通绿化效果

城郊型互通可采用疏林草地或大块面模纹设计。其典型断面如图7-11所示，城郊型互通疏林草地绿化效果如图7-12，城郊型互通大块面模纹绿化效果如图7-13所示。

图7-11 城郊型互通大块面模纹典型断面

图7-12 城郊型互通疏林草地绿化效果

图7-13 城郊型互通大块面模纹绿化效果

田园型互通可采用农田式绿化，采用地被植物模拟农田景观。其风貌示例如图7-14所示，绿化效果如图7-15所示，其互通典型断面如图7-16所示。

图7-14 田园型互通风貌示例

图7-15 田园型互通绿化效果

图7-16　田园型互通典型断面

水景型互通绿化以水生植物为主，配合营造湿地景观。其典型断面如图7-17所示，绿化效果如图7-18所示。

图7-17　水景型互通典型断面

图7-18　水景型互通绿化效果

二、生态种植

路堑边坡种植：互通匝道的边坡种植应与互通整体绿化统一考虑，以生态恢复为主，植物品种应统一。其断面图如图7-19所示。

路堤边坡种植：互通路堤边坡坡度一般较缓，种植以通透为主，不遮挡中心区域的风貌种植，主要采用灌木和地被。其断面如图7-20所示，绿化效果如图7-21所示。

排水沟种植：排水沟种植以屏蔽为主，宜主要采用灌木。

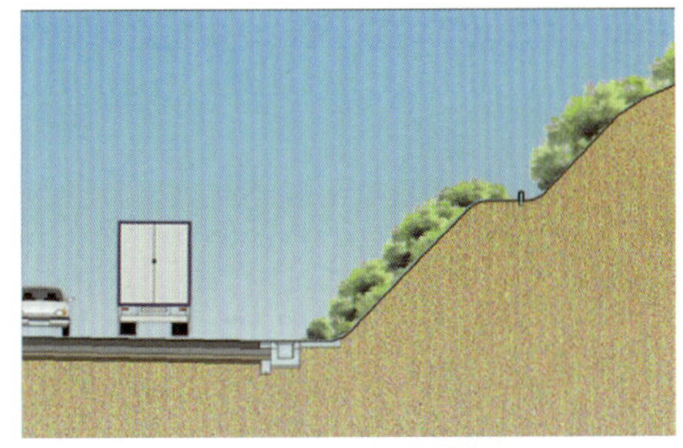

图7-19　边坡种植断面图

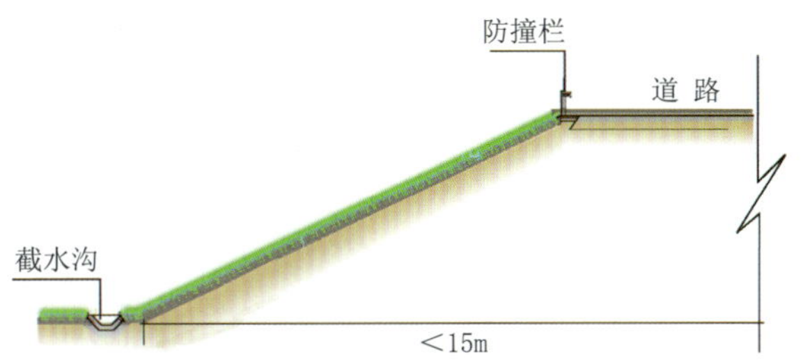

图7-20　路堤种植断面图

图7-21　路堤种植绿化效果

三、功能种植

互通绿化栽植除了点缀、美化环境外，更应服从互通的交通功能。绿化栽植应根据互通各组成部分的不同功能，采用视线诱导栽植、缓冲栽植、指示栽植等手法提高行车安全性（图7-22）。

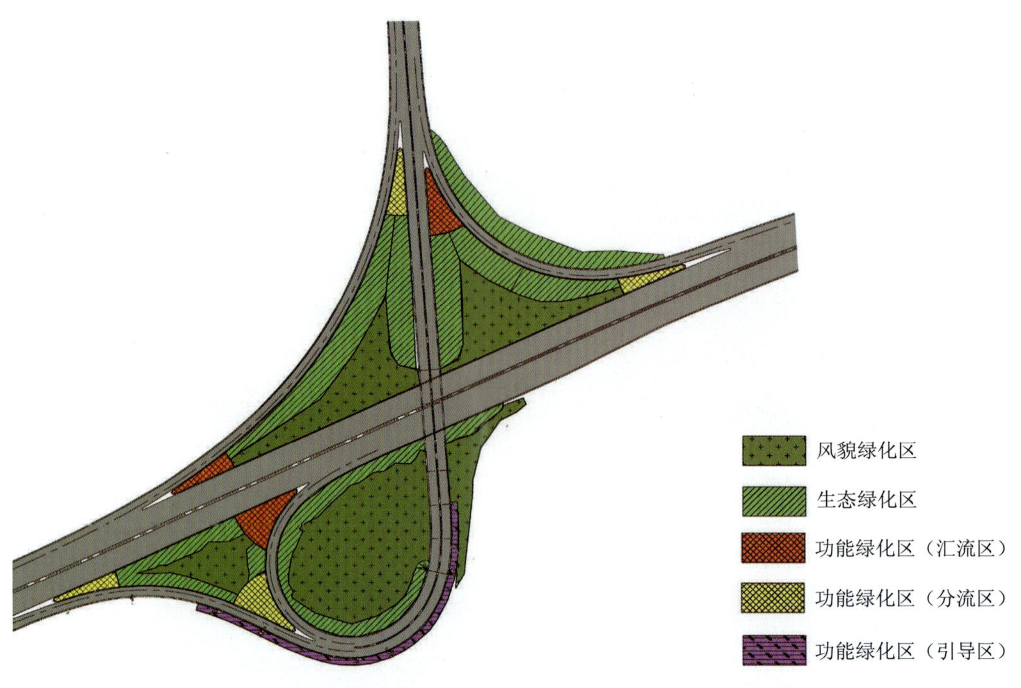

图7-22　互通区绿化栽植示意

指示栽植：采用高大乔木，用来为驾驶员指示位置，并显著提高互通立交的识别性。如分流处的指示栽植。

诱导栽植（图7-23）：采用小乔木或者灌木，设在匝道平曲线外侧，用来预告匝道线形的变化，引导驾驶员视线。弯道内侧绿化应保证视线通畅，不宜种遮挡视线的乔灌木，在不影响视距的前提下，路肩内侧可种矮而密的灌木，间接示意司机减速。这种非对称栽植，可以起到较好的诱导作用。诱导栽植的绿化效果如图7-24所示。

图7-23　诱导栽植效果对比

a）单侧栽植时诱导性好；b）双侧栽植时诱导性差

图7-24　诱导栽植绿化效果

缓冲栽植（图7-25）：采用灌木丛绿化，设在桥台和分流的地方，用来缩小视野，间接引导驾驶员降低车速，同时，在车辆因分流不及而失控时，缓和冲击、减轻事故损失。

图7-25　缓冲栽植绿化断面、平面图

在立交的合流处，为了保证驾驶员的视线通畅，要根据设计车速来确定禁植区的范围，禁植区内可栽植低于司机视线的灌木、绿篱、草坪、花卉等（图7-26）。

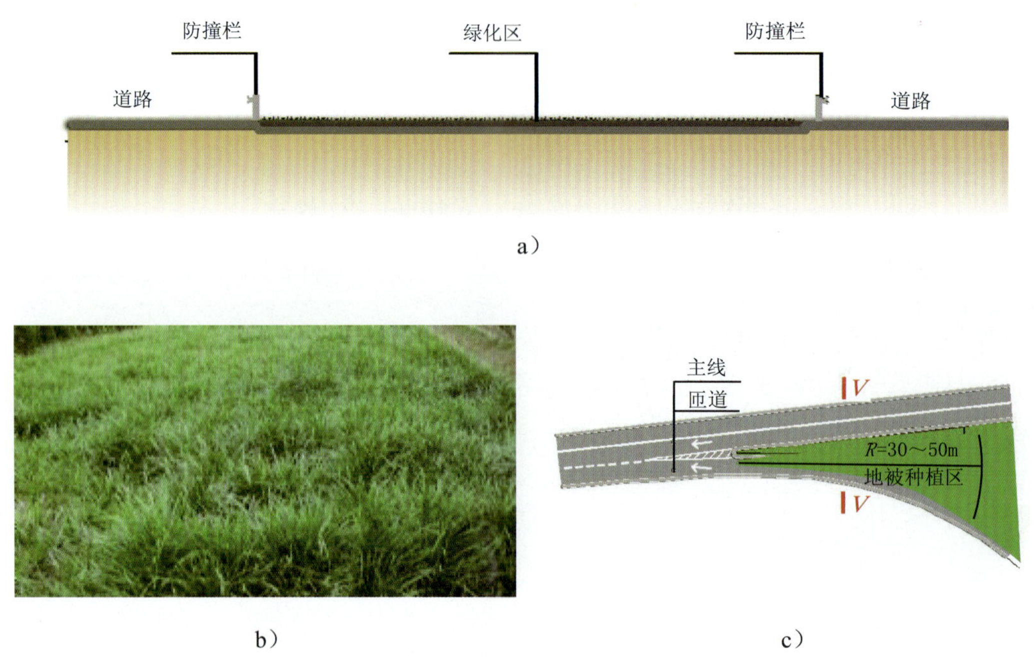

a）

b）

c）

图7-26　合流栽植绿化示意图

a）种植模式断面示意图；b）种植模式意向图；c）种植模式平面图

第四节　互通立交景观营造案例分析

案例一：陕西小康高速公路安康互通

安康互通为陕西小河至安康高速公路的枢纽互通，位于城郊，所在区域降雨量大。周边原生植被退化，以农田为主。互通场地平坦开阔，中心较为低洼，互通景观采用较为精细的水景设计。其互通效果如图7-27所示。

互通景观设计以“水、柳、竹”为设计元素，根据场地等高线走势，结合景观视点考虑，低洼处凿池造景，乱石驳岸，池底铺以卵石，周边植柳栽竹，水影斑驳。水池除景观效果外，可作蓄水灌溉之用，解决互通匝道围合区部分绿化灌溉用水。冬季或旱季，池水干涸，卵石池底别有一番枯水景观。互通区域内，植物以群落栽植为模式，力求绿化效果自然和谐。

图7-27　安康互通效果图

案例二：广东广乐高速公路乐昌互通

乐昌互通为广州至乐昌高速公路枢纽互通，位于乐昌市附近郊区，互通南侧有绵延的山体，植被覆盖较好；北侧农耕地为主，原处分布有民居村落，整体风貌为典型粤北田园风光。其互通效果如图7-28所示。

设计定位为城郊型互通，与周边农耕环境结合，设计采用疏林式种植手法，保证视野开阔，便于乘客欣赏田园风光，局部孤植大树，起到点睛作用。

图7-28　乐昌互通效果图

案例三：广东广乐高速公路杨溪互通

杨溪互通内部较为低洼，以农耕地为主，地形稍有起伏，散布民居村落，临近溪流。其效果图如图7-29所示。

设计定位为水景型互通，低洼处收集水源设计湿地景观，并通过涵洞与外部溪流联通。水体周围种植旱伞草、芦苇、鸢尾等水生和亲水植物，水边栽植柳树、蒲桃等亲水乔木。水边栽植水生植物。

图7-29　杨溪互通效果图

案例四：广东广乐高速公路塬潭互通

塬潭互通周围被山体包围，山体植被茂密，山地特征突出。其效果图如图7-30所示。

设计定位为山地型互通，设计时结合现状，在互通内营造微地形，并密植乔木，营造山地特征，使互通景观与周边环境相协调。

图7-30　塬潭互通效果图

案例五：广东广乐高速公路犁市互通

犁市互通为广州至乐昌高速公路枢纽互通，是进入韶关市的西大门，互通用地基本平坦，周边植被灌丛为主，民居分布较多。其效果图如图7-31所示。

设计定位为城郊型互通，设计利用景观效果突出的观花观叶小乔木，形成大色块，营造鲜艳、欢快的景观效果。

图7-31　犁市互通效果图

参 考 文 献

[1]俞孔坚.景观的含义[J].时代建筑，2002（2）：15-17.

[2]冯立光，张金伟，江玉林，等.基于动态特性的公路景观设计方法研究[J].中外公路，2006（12）.

[3]美国交通部联邦公路管理局.公路灵活性设计指南[M].湖南省交通规划勘察设计院，译.北京：人民交通出版社，2001.

[4]Texas Department of Transportation.Landscape and Aesthetics Design Manual[M].[S.l.]: Texas Department of Transportation，2001.

[5]交通部公路司.新理念公路设计指南[M].北京：人民交通出版社，2005.

[6]张秀丽，王选仓，赵可.公路景观的规划设计研究[J].公路，2005（7）：205-213.

[7]屠苏莉，范泉兴.法国高速公路沿线的景观规划[J].规划师，2004（7）：90-91.

[8]刘滨宜.现代景观规划设计[M].南京：东南大学出版社，2005.

[9]刘玉杰.现代景观规划设计诠释——由西蒙兹的《景观设计学》谈起 [J].中国园林，2002（1）：19-22.

[10]李耳.道德经 第十一章. 百度百科 http://baike.baidu.com/view/16516.htm#sub16516.

[11]（美）伊恩·伦诺克斯·麦克哈格.设计结合自然[M]. 天津：天津大学出版社.

[12]贾致荣，郭忠印，杨永顺，等.公路景观设计等级的确定与实现[J]. 中外公路，2009（2）.

[13]贾致荣，郭忠印. “555” 原则及其在公路景观设计中的运用[J].公路，2007（10）.

[14]俞孔坚，李迪华，吉庆萍.景观与城市的生态设计：概念与原理[J]. 中国园林，2001（6）.

[15]（美）.索尔. 地理景观形态论[M]. The Morphology of Landscape，1962.

[16]汤茂林，金其铭.文化景观研究的历史和发展趋向[J]. 人文地理，1998（2）.

[17]蔡伟.隧道洞口绿化研究[D]. 成都：西南交通大学硕士学位论文，2003.

[18]刘丽.高速公路绿化植物配置研究及其实践[D].成都：四川农业大学硕士论文，2004.

[19]陈芳.公路视觉环境对行车安全的影响[D]. 重庆：重庆交通大学硕士学位论文，2009.

[20]汪建平，邓云塘，钱公权.道路照明[M]. 上海：复旦大学出版社，2005.

[21]国际照明协会CIE TC4－08委员会公路隧道照明专业工作小组. 公路隧道和地道照明指导CIE 88－1990[M]. 1990.

[22]中华人民共和国行业标准. JTJ 026.1—1999 公路隧道通风照明设计规范 [S].北京：人民交通出版社，1999.

[23]魏中华，刘江，任福田.基于驾驶员生理心理特征的公路景观设计理论探索[J]. 公路交通科技， 2004.11 安全专版，46-49.

[24]张阳.公路景观学[M]. 北京：中国建材工业出版社，2004.

[25]林万明.高速公路的空间环境与景观设计[J]. 中国园林，2003 (3)：65-68.

[26]俞孔坚.景观规划设计三元论——寻求中国景观规划设计发展创新的基点[J]. 新建筑，2001(5).

[27]徐志修，彭辉公.公路景观生态重建若干问题的探讨[J]. 交通运输系统工程与信息，2005 (4).

[28]丹麦金硕公司专家访华报告[R]，1992.

[29]黄笑峰.公路绿化与公路交通问题的研究[D]. 西安：长安大学硕士论文，2000.

[30]许在信，刘爱兰.关于高速公路互通式立交区景观绿化的刍议[J]. 公路，2005 (8).

[31]林瑛.高速公路环境设计中景观与生态、文化的整合研究[D]. 华中科技大学硕士学位论文，2004.

[32]陈図.关于公路交通环境与景观设计的讨论[J]. 中国建设信息，2006.

[33]魏中华，王海忠，任福田.公路景观设计理论框架研究[J]. 北京工业大学学报，2007 (1) .